AF367396

Felipe Nicolás Mujica Johnson

# EDUCACIÓN FÍSICA Y ÉTICA

**Título:** EDUCACIÓN FÍSICA Y ÉTICA
**Autor:** FELIPE NICOLÁS MUJICA JOHNSON

**Editorial:** WANCEULEN EDITORIAL
**Sello Editorial:** WANCEULEN EDITORIAL DEPORTIVA

**ISBN (Papel):** 978-84-18486-68-5
**ISBN (Ebook):** 978-84-18486-69-2

**DEPÓSITO LEGAL:** SE 1899-2020

Impreso en España. 2020

WANCEULEN S.L.
C/ Cristo del Desamparo y Abandono, 56 - 41006 Sevilla
Dirección web: www.wanceuleneditorial.com y www.wanceulen.com
Email: info@wanceuleneditorial.com

*A mi apreciada familia.*


*A mi mentora, Dra. Nelly Orellana Arduiz,*
*que me ha introducido al mundo de la ética.*


*A las incansables y valientes personalidades,*
*que han salido del anonimato para*
*contribuir al saber ético y filosófico.*

# ÍNDICE

# 1. INTRODUCCIÓN



Esta obra surge con la principal finalidad de aportar una mirada personal y reflexiva en torno al gran desafío que significa educar éticamente a las personas en un contexto de sociedades democráticas. En términos más específicos, en el contexto de Educación Física (EF) en espacios pedagógicos formales, es decir, en instituciones de educación escolar.

Una percepción que me ha acompañado bastante en estos últimos años, es que la educación ética no suele ser tomada con la seriedad que exige un tema tan fundamental. A su vez, me ha acompañado la convicción de que la asignatura de EF es de las más importantes para la formación ética de las personas. Y esa importancia radicaría en el potencial de su especialidad centrada en la corporalidad y no en el ámbito intelectual. Precisamente, el filósofo y teólogo danés Søren Aabye Kierkegaard nos habló sobre aquella diferencia de potencial entre la razón y el vivir mismo para educar la ética humana, de modo que en el texto profundizaremos este asunto. En este libro se discutirá principalmente con referentes de la filosofía, ya que la ética es parte de aquella rama del saber. Rama que suele ser conocida como la reina de todas las ciencias particulares.

Como reseña de lo que el lector o la lectora se encontrará en este texto, le puedo adelante que, en el segundo capítulo, verá algunas precisiones conceptuales. En concreto, sobre los términos ética y EF. En el tercer capítulo, luego de haber teorizado a nivel general sobre ética en el capítulo anterior, presento algunas miradas particulares con mayor atención. En concreto, la mirada del filósofo danés Søren Kierkegaard, de la filósofa española María Zambrano, del filósofo ítalo-alemán Dietrich von Hildebrand y del filósofo español Miguel de Unamuno.

En el cuarto capítulo, expongo un modelo de educación ética basada en el amor, el cual originariamente fue presentado como un ensayo en la revista española *EmásF. Revista Digital de Educación Física*. Asimismo, sus bases filosóficas también habían sido presentadas en la revista española *Retos. Nuevas Tendencias en Educación Física, Deportes y Recreación*. El quinto capítulo nos convoca una temática cada vez más cercana a las problemáticas sociales contemporáneas. En concreto, los diferentes desafíos que existen en torno a los derechos humanos y la EF. Especialmente, profundizo el tema de la cultura androcéntrica y la consecuente desigualdad de género. En los siguientes dos capítulos el lector y la lectora encontrará algunas consideraciones finales de esta obra y las correspondientes referencias bibliográficas que han sido desplegadas a lo largo del texto. Por medio de estas referencias, que en algunos casos podrían parecer abundantes, pretendo encaminar a las personas interesadas en continuar investigando las temáticas tratadas. Cabe destacar, que a mí como investigador del área ética y afectiva, me hubiese gustado tener disponible este camino. En este sentido, tengo la convicción de que todas las referencias presentadas pueden ser de utilidad para las personas audaces y estudiosas en las cuestiones abordadas en este libro.

# 2. CLARIFICACIÓN CONCEPTUAL



Comenzaré este capítulo señalando algo que las(os) lectoras(es) más familiarizados con el estudio científico y filosófico suelen tener muy claro. Pero he de hacer énfasis en la palabra *suelen*, ya que también puede haber personas con experiencia que todavía no lo hayan entendido. De hecho, creo conocer a más de alguna. Para quien viene muy bien lo que señalaré es para la persona neófita en el ámbito académico, sobre todo, aquel alumnado universitario que suele enfrentarse a textos muy complejos para su limitado bagaje teórico. La cuestión que he anticipado, es que todos los conceptos y las definiciones terminológicas tienen una raíz epistemológica e incluso ontológica. Esto quiere decir que responden a una perspectiva de aquel término y, como se suele añadir, no son neutrales en materia filosófica. Por ello, es comprensible que existan muchas definiciones para un mismo concepto, ya que refleja que suele ser interpretado de variadas maneras. Por lo mismo, considero pertinente posicionarme sobre el concepto de EF y ética.

## 2.1 EDUCACIÓN FÍSICA

Antes de comenzar a analizar los significados en torno a la EF, considero pertinente referirme a lo que significa educación. Para ello citaré a la filósofa alemana Edith Stein que, además, nos ayudará a aclarar una perspectiva personalista de la EF. Para Stein (2006), hemos de tener en cuenta lo siguiente al hablar de educación:

La *educación*[1] no es posesión de conocimientos exteriores, sino *la estructura que la personalidad humana asume bajo la influencia de múltiples fuerzas extrañas*, así como el proceso de esta formación. El material que hay que plasmar es la disposición corporal y anímica que el ser humano lleva consigo al mundo, así como los elementos exteriores que han de ser continuamente recibidos desde el exterior, e incorporados al organismo. El cuerpo los toma del mundo material, el alma de su entorno espiritual, del mundo de personas y de bienes que para su desarrollo están dados (Stein, 2006, p. 143).

Tal como se ha planteado anteriormente, el término EF ha tenido múltiples interpretaciones que han ido variando con el paso del tiempo, de modo que en él han influido múltiples aspectos históricos y culturales (Devís, 2018; Kirk, 2008; Lleixà, 2003). Entre los conceptos de EF, podríamos señalar tres grandes clasificaciones que se expresan en la Figura 1.

---

[1] Las palabras en cursiva en esta cita son parte de la cita textual.

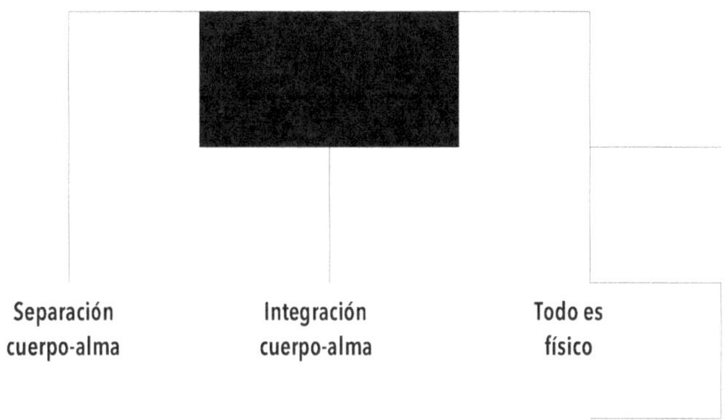



Figura 1. Concepto de EF y su ontología.
Fuente: Elaboración propia.

Ahora me referiré al significado de las clasificaciones presentadas en la Figura 1. Un concepto mecanicista de la EF, sería el que tenga como base la mirada cartesiana del ser humano, la cual señalaría que el cuerpo humano es solo la extensión de su esencia que no es espiritual. Esta perspectiva podría catalogarla que es extremadamente espiritualista y trató al cuerpo humano como una máquina (Contreras, 1998). La mirada mecanicista de la EF está bien representada con las prácticas orientadas a adiestrar la corporalidad con fines militares o religiosos (Torrebadella, 2013a, 2013b, 2014, 2015, 2017). Dicha concepción fue hegemónica en el siglo XIX y buena parte del siglo XX. Esta mirada de la EF y, de la educación en general, concretó una brutal hiper-intelectualización de la praxis pedagógica en las instituciones formales. Precisamente, dicha mirada cartesiana y las concepciones racionalistas de la ilustración en la época moderna son fundamentales para comprender el desprestigio actual de la EF. Con respecto a la errada influencia que todavía tenemos de la época moderna y el periodo de la ilustración, Stein (2006) nos recuerda que "la educación es algo mucha más complejo, más misterioso, mucho menos sometido a la arbitrariedad, de lo que la Ilustración se permitió soñar. Y, porque dicha ilustración no contó con los factores educativos más esenciales, su sistema educativo hubo de irse a pique" (Stein, 2006, pp. 145-146). Pues, claro, la EF era solo algo para disciplinar y en ningún caso podía ocuparse de asuntos fundamentales para la formación humana. Cabe destacar que algunas perspectivas cristianas han apoyado esta radical separación del cuerpo y el alma (Oña, 2002), pero en ningún caso todas, ya que hay perspectivas cristianas personalistas que se distancian de aquella interpretación cartesiana.

Debido a este excesivo espiritualismo en torno a la educación, variadas personalidades de la EF se han distanciado de los argumentos metafísicos en torno a la EF. Otros seguramente que por convicción filosófica. Pero me da la impresión que varias personas no conocen bien una alternativa a la concepción platónica-cartesiana que reconozca la espiritualidad en integración con la corporalidad, ya que suelen tener argumentos muy ingenuos sobre la materia. Es decir, de una base filosófica muy débil. Esto lleva a que muchas de ellas asumen como correcto un concepto materialista de la EF, el cual incluso, paradójicamente, les lleva a querer erosionarlo o destruirlo, indicando que no tiene sentido hablar de EF en una realidad que solamente es física. Un ejemplo de esto nos lo da Lleixà (2003), señalando lo siguiente:

El término *educación física*[2] resulta, semánticamente, muy poco afortunado. Educación física es obvio que significa educación de lo físico, como si pudiéramos compartimentar a la persona en lo físico, y lo no físico, donde supuestamente incluiríamos lo intelectual, lo afectivo y otros "los", intangibles. Si fuera posible, la palabra educación física resultaría antitética puesto que lo físico no se puede educar, en todo caso se podrá moldear o, como mucho, adiestrar (p. 14).

Un autor reconocido en los últimos años en el área de la EF, por fundamentar las ciencias de la motricidad humana (CMH), es el filósofo y pedagogo portugués Manuel Sérgio. Este pensador, en parte, sienta sus bases filosóficas en la corriente marxista, fenomenológica Merleau Ponty y existencialista-atea de Sartre, llegando a señalar que el término EF debiera ser reemplazado por otro más idóneo en función de su ideología (Mujica, 2020a). Su interpretación de la EF es claramente de corte materialista (Sérgio, 1999, 2006, 2014) y su intención de prescindir de cualquier fundamento metafísico se aprecia en la siguiente cita:

La CMH, destituida de cualquier presunción metafísica (designadamente la metafísica del pensamiento arqueológico"), encuentra en la trascendencia (o superación),

---

[2] La letra cursiva es parte de la cita textual.

presente en los aspectos sociales y políticos, el sentido de la vida humana (Sérgio, 2006, p. 17).

Como buen pensador que camina por una corriente materialista anti-metafísica, en sus ideas no cabe una idea de Dios y todo lo que la filosofía ha obtenido de ella, incluyendo, en buena parte, las cuestiones éticas. Para Sérgio el mundo ha progresado hacia un desprenderse de Dios y de la metafísica, lo cual expone en la siguiente idea:

La certeza que el estado adulto de un área del conocimiento se mide también por la conciencia de su responsabilidad social; es el modo de hacer y de moverse que el ser humano corporiza una segunda creación y, por tanto, es en la trascendencia típica de la motricidad humana donde no se encuentra algún metalenguaje despótico, que el hombre se aproxima de lo Absoluto (o de Dios) (Sérgio, 2006, p. 15).

Mi posición es contraria a la de Manuel Sérgio, ya que no concibo una EF que prescinda de los conocimientos metafísicos que nos ha brindado por tantos años la filosofía. Saberes, por supuesto, que se encuentran en un constante debate. Dicha posición la he expuesto en un artículo titulado *Fundamentos para una educación física postcartesiana: análisis crítico a la ciencia de la motricidad humana* en la revista española EmásF (Mujica, 2020a). Se puede apreciar en dicho título que mi posición tampoco es la misma que la del cartesianismo, o sea, no es mecanicista. En términos más específicos sobre la perspectiva de Manuel Sérgio, señalé lo siguiente:

La doctrina de la CMH fundamentada por Manuel Sérgio se encuentra cimentada en una ontología materialista, subjetivista e historicista, de modo que cierra las puertas a una concepción metafísica, objetiva y espiritual del ser humano. Por esa razón, se aprecia que dicha perspectiva pretende consolidar una mirada fundamentalista en torno al fenómeno de la actividad física y del deporte, excluyendo a las demás teorías que interpretan la realidad desde otro punto de vista. En una relativa oposición a dicha doctrina, en la actualidad el enfoque de las CAFyD[3] permite la convergencia de diferentes postulados ontológicos del ser humano, pero a su vez, evita que se instaure la hegemonía de uno de ellos, como pretende la CMH. Por lo tanto, se considera necesario frenar los anhelos reduccionistas de dicha doctrina y, por supuesto, evitando una postura fundamentalista que pretenda suprimirla, se integre a las CAFyD como otra de las corrientes epistemológicas que fundamentan dicha área de estudio (Mujica, 2020a, p. 113).

Como soy contrario a las corrientes que están en cada extremo, las cuales dicen que la esencia del ser humano es todo espíritu (mecanicista) y toda materia (materialista), mi posición es la que se encuentra en el centro. Es decir, la concepción personalista que integra el alma o espíritu con la materia, dando origen al cuerpo vivo (*Leibkörper)* (Mujica, 2020b). Esta concepción del cuerpo vivo que emana de la corriente fenomenológica alemana, fue muy bien expuesta por la filósofa Edith Stein, quien señaló lo siguiente:

---

[3] Ciencias de la Actividad Física y del Deporte.

El alma no «habita» en el cuerpo como en una casa, no se lo pone y se lo quita como un vestido, y si los filósofos griegos lo denominaban «cárcel» y «tumba» del alma, con ello se estaban refiriendo a una vinculación estrecha (y dolorosa), pero en cualquier caso a una «vinculación», y con esta noción no se hace justicia a la unidad de la naturaleza. El cuerpo está por completo penetrado por el alma, de manera que no sólo la materia organizada se convierte en cuerpo penetrado de espíritu, sino que también el espíritu se convierte en espíritu materializado y organizado (Stein, 2007, p. 129).

En este sentido, en el marco de una concepción fenomenológica que reconoce la existencia del alma humana, he conceptualizado lo que es ser humano y su relación con la corporalidad. Cabe destacar, que se suele señalar a la fenomenología como si fuese una línea de pensamiento estandarizada o sin divergencias, lo cual no puede ser más errado. La fenomenología una corriente de pensamiento que incluye variadas perspectivas y no todas ellas están de acuerdo en sus ideas. En cuanto a mi conceptualización, he señalado lo siguiente:

(...) el ser humano es un cuerpo físico repleto de subjetividad, lo que le otorga la condición de cuerpo vivo, no obstante, dicha subjetividad no emerge del mundo vital circundante, sino que proviene de un plano espiritual, lo cual justifica que la vida psíquica plena o unitaria, el yo o el alma, pueda trascender la vida material o física (Mujica, 2020a, p. 112).

Ante dicha concepción de ser humano, no hay problema con reconocer que cada persona tiene una realidad material y otra espiritual que se encuentra entrelazada. Pero, por más que se encuentre entrelazada, es preciso reconocer también que serían de naturaleza diferente, para no caer en un materialismo grosero, como ya advirtió Cagigal (1981). En este contexto, no hay problema y es necesario hablar de educación del ámbito físico y todo lo que ello conlleva. Así, para mí la EF es un proceso dinámico dirigido a conseguir modificaciones del cuerpo vivo. Modificaciones que, por cierto, varían y han variado en función del contexto histórico-cultural. También me agradan las definiciones de los españoles José María Cagigal y José Cecchini Estrada. Ellos han conceptualizado la EF de este modo: a) La EF es "el arte, ciencia, sistema o técnicas de ayudar al individuo al desarrollo de sus facultades para el diálogo con la vida, con especial atención a su naturaleza y facultades físicas" (Cagigal, 1984, p. 51); b) La EF es "educación del ser humano que dialoga, se comunica, se compromete físicamente con el mundo; diálogo o comunicación motriz que hemos precisado, en una consideración ontológica, en la motricidad humana como superadora de cualquier concepción educativa parcelada" (Cecchini, 1996, pp. 50-51).

## 2.2 ÉTICA

Al igual que el concepto de EF, sobre ética tendremos muchas apreciaciones distintas. Apreciaciones que variarán en función de la cosmovisión y/o concepción del mundo. Pues, como bien explica el filósofo polaco, Roman Ingarden, no es lo mismo que la estructura del mundo sea casual o causal (Ingarden, 2001). Aquello tendrá múltiples consecuencias y, por supuesto, en la ética que consideramos correcta. Para Hartmann (2011), una persona ética "es la contrafigura en todo del presuroso y embotado. Es el divisador del valor, el sapiens en el primer sentido de la palabra: el «degustador». Es el que tiene el organo para el pleno valor de la vida, ese «organo moral» del que Franz Hemsterhuis profetiza que se abre ante el una riqueza «deslumbrante»" (p. 59).

En términos generales, podemos entender por ética a la "ciencia que estudia los actos humanos en tanto que buenos y malos, es decir, bajo la consideración del bien y el mal" (Polaino-Lorente, 1997, p. 2). En cuanto al término ciencia, hemos de entender que sería una ciencia esencialmente filosófica, por ende, no se asemeja a las otras ciencias particulares. Recordemos que la filosofía está por sobre las ciencias empíricas, pues, "la ciencia es el *conocimiento del mundo circundante*[4]. Y lo es en contraste con la filosofía, que es conocimiento del universo o sabiduría del universo" (Scheler, 1996, p. 107). En palabras de Stein

---

[4] La cursiva pertenece a la cita textual.

   

(2006), la filosofía no pretende comprender solamente una realidad concreta y aislada, sino que tiene por finalidad "la de *entender el mundo*[5]" (Stein, 2005, p. 679).

Entendiendo la ética como aquella área de estudio de lo bueno y lo malo en torno al ser humano, hemos de darnos cuenta que aquello encierra un gran problema. Precisamente, qué es lo bueno y lo malo. Sin embargo, sabiendo que lo bueno es lo aceptable y lo malo lo inaceptable. El problema no es de corte semántico, o sea, sobre qué significa bueno y malo. El problema es de corte ontológico, sobre con relación a qué diremos que algo es bueno o malo. Este problema deriva en variadas éticas que no logran colocarse de acuerdo en sus pilares fundamentales y, por lo mismo, nuestra historia recuerda muchas brutalidades que en su tiempo eran aceptables. A saber, la esclavitud, la segregación racial o *apartheid,* el asesinato, la pena de muerte (vigente en muchos lugares), etc.

Sobre las diferentes éticas, por medio de la Figura 2 enseño algunas clasificaciones.

En cada una de las éticas mencionadas en la Figura 2, Benzo (1967) señaló que hay diferentes personalidades de la filosofía occidental que, incluso, en algunos casos representan ideas muy dispares. Por ejemplo, en la ética voluntarista tenemos a pensadores de la corriente nominalista (Guillermo de Ockam), criticista (Immanuel Kant), estructuralista (Emile Durkheim) y existencialista (Jean Paul Sartre).

---

[5] Todas las palabras en cursiva pertenecen a la cita textual.

En la ética de los bienes tenemos a pensadores como Aristóteles, Lenin y Santo Tomás de Aquino. Y en la ética de los valores encontramos al fenomenólogo Max Scheler y al existencialista-espiritualista Louis Lavelle.

Figura 2. Clasificación de diferentes éticas.
Fuente: Elaboración propia.

En términos más específicos sobre el origen del bien y del mal, Miguel Benzo nos aclara lo siguiente sobre cada una de aquellas corrientes éticas: a) éticas voluntaristas: "colocan el origen último de la distinción entre el bien y el mal en la norma imperada por una voluntad" (Benzo, 1967, p. 27); b) ética de los bienes: "sitúa el origen último de la distinción entre el bien y el mal en la naturaleza misma de los objetos. El hombre asimila de algún modo esos objetos física o psíquicamente (por el conocimiento y el amor). La bondad moral consiste en preferir los objetos mejores a los inferiores. Se puede, pues, condensar la ética de bienes en esta exigencia: aprehende los bienes según su grado de bondad" (Benzo, 1967, p. 31); y c) ética de los valores: "el origen último de la distinción entre el bien y el mal está en que todo hombre, con mayor o menor claridad, percibe intuitivamente un ideal de persona que exige ser realizado" (Benzo, 1967, p. 34).

Como podemos apreciar, la ética puede ser una de las cuestiones más complejas que nos enfrentemos como seres humanos pensantes, actuantes y sintientes. A su vez, como una de las cuestiones que más alcances prácticos tiene, pues, si actualmente la sociedad determina que algo es éticamente *incorrecto*, suele ser prohibido y rechazado socialmente. Y si algo es éticamente *correcto*, suele ser permitido y aceptado socialmente. Como he dicho, las consideraciones éticas van cambiando con el tiempo y de forma diferente según los territorios y las culturas. Es entendible que Europa sea una de los continentes más avanzados en estas cuestiones, pues, la ética es hija de la filosofía y esta última surge y se desarrolla, principalmente y sistemáticamente, en dicho continente.

## 2.2.1 Ética y Educación Física

Ética y EF siempre han estado de la mano, ya que todo acto educativo tiene pretensiones éticas, es decir, promover en el estudiantado lo que está bien y mal, o lo que se debe o no hacer. Unos de los medios más privilegiados que ha tenido la EF para educar la ética del alumnado, es el juego motor y el deporte, los cuales no solamente enseñan a aceptar unas normas y reglas con un contenido determinado, sino que, tan importante como aquello, enseña a socializar en un espacio que se encuentra normado. Tarea nada sencilla pero que de manera lúdica el niño y la niña logra aprender. En este sentido, una persona que desde pequeña aprendió a socializar por medio de juegos y prácticas deportivas normadas, con el paso del tiempo podrá comprender con facilidad la estructura social.

Sobre esta relación entre EF, ética y deporte, García y Gutiérrez (2017) nos dan un buen ejemplo de ello, específicamente, el de la importancia que las escuelas de Inglaterra le otorgaron a la educación ética por medio del juego motor y del deporte moderno. Precisamente, aquel país es cuna del deporte moderno, lo cual también ha traído muchas críticas sobre los valores capitalistas que también encarna dicha praxis humana. Otro ejemplo más actual de educación ética y actividad física, serían los programas de desarrollo social basados en el deporte que ha desarrollado la Organización de Naciones Unidas (ONU). En este sentido, sobre la importancia de una educación deportiva ética, Paz (1992-1993) nos indicó lo siguiente:

Los jóvenes deportistas necesitan que se les enseñen los valores morales y los principios éticos que deben llevar a lo largo de sus vidas. Las actividades atléticas pueden servir como un espacio educativo donde juegos sencillos preparen a niños y a jóvenes para el juego real de la vida, sin que corran grandes riesgos ante el fracaso, y donde tengan la oportunidad de aprender de sus propios errores (p. 61).

Analicemos un poco este asunto de capitalismo y ética deportiva. Uno de los valores centrales que comparten ambas actividades es el de *competencia*. ¿Qué es la competencia? Un enfrentamiento entre dos o más frentes. Frentes que pueden estar compuestos por una (competencia individual) o más personas (competencia colectiva). Las competencias también podríamos separarlas en función de su objeto, pues, tendríamos competencias motrices (deporte), artísticas (musicales), políticas (elección presidencial), económicas (empresas) e intelectuales (concurso de investigación). Con esto podemos ver que la esencia de la competencia es mucho más amplia que la cuestión económica ligada al capitalismo. De hecho, Charles Darwin ha demostrado que la evolución tiene de base la competencia de las especies por sobrevivir. Entonces, negar la competencia sería negar la vida misma. Competir en esencia no puede ser algo malo, de lo contrario tendríamos que aceptar que la democracia es algo éticamente incorrecto por basarse en un acto de maldad. Claro, la democracia tiene de base la competencia. En resumen, es absurdo cuestionar la legitimidad del deporte en la EF por promover la competencia. Otra cosa es hablar de la buena y la mala competencia. Sobre aquello, el *fair play* es uno de los términos más bellos que se han creado y que reflejan la buena competencia. La trampa, lo contrario. Así, podemos decir que ha habido y que hay malas prácticas en el deporte, eso es evidente, sobre todo cuando hay intereses económicos de por medio. Ante ello, se han señalado las siguientes recomendaciones al profesorado de EF y  a las personas que son entrenadoras deportivas en materia de educación ética:

Como educadores físicos, y como entrenadores, debemos restaurar el orden de prioridades en el deporte. Esto sólo puede ser logrado si llegamos a un acuerdo acerca de las metas, los ideales, y los principios deportivos. Tenemos la gran oportunidad de influir en la forma como el estudiante o el atleta concibe su actitud competitiva y cooperativa en el deporte y, por ende, en la vida; tenemos la oportunidad de enseñar a la juventud mediante el juego y los deportes, los valores morales y los principios éticos que influencien su conducta (Paz, 1992-1993, p. 62).

En la actualidad en vez de usar el término ética para hablar de una formación moral específica, se suele hablar de educación en valores. Esto acompañado de un lenguaje bastante *ingenuo* y *pragmático*. Los epítetos anteriores hacen referencia a un lenguaje que no suele tener bases filosóficas claras y que se deja llevar por las necesidades que demanda la práctica pedagógica, en este caso, en EF. No obstante, este problema es generalizado para la educación en general, marcado por un distanciamiento entre filosofía y educación (Amilburu, 2014). Hasta cierto punto, intuyo que hay quienes prefieren este tipo de lenguaje para poder tener más influencia en las decisiones que se tomen en torno a la educación. Por ejemplo, si no hay nadie que defienda filosóficamente la lógica del término Educación Física, es fácil que las personas más neófitas en la materia se convenzan con los dichos de Lleixà (2003), sobre que una alusión a educar el ámbito físico  no tiene sentido. O, los postulados de Sérgio (1999, 2006), sobre que los aspectos metafísicos son innecesarios en nuestra área.

¡Qué peligroso es que la gente no tenga un amplio bagaje de filosofía! ¡Y qué peligroso para la EF es que haya profesionales de su área que se manejen solo con un lenguaje ingenuo! Esta ingenuidad es también culpa del positivismo y sus consecuencias en la educación. Positivismo que bajo su mirada cientificista y empirista ha dotado de un manto excesivamente superficial al quehacer educativo.

Retomemos la educación en valores que, a pesar de su posible ingenuidad y superficialidad, por lo menos ha resistido los ataques cientificistas que hubiesen preferido aniquilar cualquier concepción moral y filosófica de la educación. En EF ha sido relativamente bien recibido un modelo de educación en valores elaborado por Hellison (1978, 1985, 1995). Este pedagogo estadounidense desarrolló una propuesta conocida como *modelo de enseñanza para la responsabilidad personal y social a través de la actividad física y del deporte*, la cual en un comienzo centró su atención en el ámbito afectivo y ético. Cabe destacar, que en un comienzo fue diseñado para atender la formación en valores de jóvenes con problemáticas en torno a la vulnerabilidad social, pero en la actualidad es considerado de forma transversal en la EF. Dicho modelo centrado en la responsabilidad ha tenido diferentes adaptaciones, pero, en general, podríamos decir que centra su atención en los siguientes seis niveles: a) nivel 0: conductas y actitudes irresponsables, que sería el punto de partida de algunos estudiantes; nivel 1: respeto de los derechos y sentimientos de los demás; b) nivel 2: participación y esfuerzo; c) nivel 3: autonomía personal; d) nivel 4: ayuda a los demás y liderazgo; y e) nivel 5: transferencia de lo aprendido a otros entornos sociales (Fernández-Río, Calderón, Hortigüela-Alcalá, Pérez-Pueyo y Aznar, 2016; Hellison, 1995; Pardo y García-Arjona, 2013).

Partiendo por el nivel 1 mencionado anteriormente en el modelo de responsabilidad, ya tengo muchas interrogantes que derivarían en problemáticas filosóficas. Por ejemplo, ¿es un deber respetar todos los sentimientos ajenos?; ¿cuáles son las limitaciones de aquel respeto?; ¿es posible disentir y manifestarse en contra de algunos sentimientos ajenos?; etc. En términos éticos es sabido que no todos los sentimientos son buenos. Por ejemplo, con base en los postulados éticos de Scheler (2001, 2005) nos queda muy claro que hay personas que pueden entristecerse por el bienestar ajeno o alegrarse por el sufrimiento ajeno.

Problemas como el aludido anteriormente con el modelo de Hellison (1995) podría plantear muchos, pero, en este momento, no le veo mayor sentido. Principalmente, porque mi intención era mostrar cómo las miradas ingenuas pueden llegar muy lejos y muy alto en el ámbito académico. Sobre todo en un ámbito académico muy atravesado por el positivismo y su cientificismo. Sin embargo, Hellison (1995) y compañía tienen mucho mérito al haber contribuido en mantener vivo el horizonte moral en torno al deporte y la EF. Sobre todo, en un territorio tan complejo como el norteamericano. Por ello y mucho más, hace algún tiempo relativamente corto consideré pertinente desarrollar un modelo de educación ética de corte más profundo, basado en el amor, el cual expongo más adelante. El amor, por cierto, no desde una mirada ingenua, sino que con una base fenomenológica relativamente clara (Mujica, 2019a, 2020c; Mujica y Orellana, 2021). A propósito, quienes estén interesados en conocer una mirada profunda del valor responsabilidad, pueden consultar la obra de Roman Ingarden, filósofo y fenomenólogo polaco, titulada *Sobre la Responsabilidad* (Ingarden, 2001). Justamente, dicho filósofo en su obra plantea que incluso en el mismo terreno filosófico el valor de responsabilidad ha sido abordado de manera todavía superficial. Esta tesis la expone de este modo:

El problema de la responsabilidad ha sido hasta ahora tratado preferentemente como un problema particular de la Ética, sin que se hayan investigado de manera más precisa otros extremos de éste. La afirmación esencial de esta exposición estriba en el pensamiento de que esto no basta y que, para descubrir las condiciones en las que puede hablarse con pleno sentido de una responsabilidad, se han de considerar otros datos que remiten a problemas más profundos (Ingarden, 2001, p. 13).

La limitación que Ingarden (2001) establece a la ética, es muy pertinente para quienes consideramos que la estructura del mundo no es casual, sino que es causal y que habría una inteligencia suprema en el telón de fondo. Quien también fue muy claro en señalar los límites que tiene la ética, fue el filósofo danés Søren Kierkegaard, para quien el estado más elevado de discusión en cuanto a lo humano sería el de carácter teológico. Luego de haber esbozado a grandes rasgos algunos asuntos en torno a ética y EF, pasaré a exponer algunos asuntos desde miradas filosóficas específicas.

# 3. PERSPECTIVAS ÉTICAS Y EDUCACIÓN FÍSICA

No está mal decir que en cada filósofo y filósofa, podemos encontrar una mirada particular de los asuntos éticos. Pero tampoco estaría mal señalar que entre varios filósofos podemos encontrar puntos en común, como ya vimos en las citas de Benzo (1967). Para este capítulo yo he seleccionado seis personalidades de la filosofía occidental que nos pueden orientar sobre la formación ética en EF. En concreto, Søren Kierkegaard, María Zambrano, Dietrich von Hildebrand y Miguel de Unamuno. Un aspecto en común que tienen todos estos referentes, es que todos ellos tienen en consideración aspectos metafísicos que integran en sus ideas. Es decir, carecen de una interpretación materialista de la realidad. Por lo mismo, suelen tener miradas muy profundas del acontecer humano.

Las obras de los pensadores y la pensadora que he escogido, son bastante amplias. Por lo mismo, he de aclarar que en ningún caso pretendo exponer aunque sea un mínimo tratado sobre ellos. Asimismo, tampoco me he comprometido en esta obra a exponer exhaustivamente algún concepto o idea sobre ellos. Simplemente, tomaré algunas de sus ideas que consideré importante, evitando que queden absolutamente descontextualizadas, para transferirla de alguna forma a la asignatura de EF. En general, serán referencias y extrapolaciones breves, que nos permitan iluminar un poco el camino de la formación personal.

## 3.1 SØREN KIERKEGAARD Y EDUCACIÓN ÉTICA

El pensador que nos convoca en este apartado es reconocido como el padre del existencialismo, quien tuvo una profunda reivindicación del cristianismo y, en segundo lugar, de la sabiduría socrática. Es decir, sus textos giran bastante en torno a dichas tradiciones, al punto de llegar a ser a simple vista algo excesivo. Pero, quienes lo estudian en la actualidad, sin duda, que hubiesen deseado tener más de sus estudios con dichas perspectivas. Esto es algo muy peculiar, sobre todo, porque muchas veces dicha corriente ha acogido a pensadores bastante contrarios con parte de su cosmovisión, por ejemplo, Jean Paul Sartre. Pero, en realidad, la filosofía es tan compleja que permite aquellas paradojas.

Sobre este pensador danés, me enfocaré en sus escritos sobre la comunicación ética y cómo podemos aprovechar esto para la educación y, en concreto, la EF. En una de sus obras tituladas *Mi punto de vista* (Kierkegaard, 1988), aquel hombre ilustrado planteó de diferentes formas que hay tres formas de vivir y, por ende, de comunicarse con otras personas o la sociedad en su conjunto. Estas formas las podríamos resumir así: a) vivir estético: centrado en aspectos superficiales y formales; b) vivir ético: centrado en aspectos morales; y c) vivir ético-religioso: centrado en aspectos morales y espirituales o metafísicos en torno a Dios. Este significado que he planteado es muy general, una mirada más específica podría aportar muchas más complejidades al asunto.

Algo importante de las categorías mencionadas anteriormente, es que Kierkegaard (1988), al igual que Pascal (1967), Ingarden (2002), Maritain (2008), Scheler (1966, 1978, 2001, 2005, 2008, 2010), Stein (2003, 2004, 2005, 2006, 2007), von Hildebrand (2000, 2006, 2009) y tantos otros referentes de la filosofía, basan sus postulados éticos más elevados en constructos metafísicos. Justamente, von Hildebrand (2000) en sus intelecciones en torno a *Qué es la filosofía*, sostuvo que "las preguntas fundamentales de todo hombre son pues religiosas y filosóficas. Una pregunta filosófica no es algo ocioso, propio de una mente sofisticada, ni tienen interés únicamente para una mente académica. Por el contrario, constituye un componente fundamental de la mente humana" (p. 18). Esto quiere decir que la naturaleza de lo bueno y lo malo no se reduce a la voluntad humana y hemos de encontrarla más allá de nuestras fronteras subjetivas y terrenales. Es decir, hemos de prestar atención a los aspectos con claros indicios de objetividad como el amor (Kierkegaard, 2006) y que son evidentemente inmateriales. Aunque, claro, sin caer en un objetivismo o idealismo que tanto combatió (Kierkegaard, 2017).

Sobre la educación o formación humana de carácter ética, en su obra *La dialéctica de la comunicación ética y ético-religiosa* (Kierkegaard, 2017), este erudito danés insistió en que la principal vía ha de ser la práctica y no la teórica. Fue claro en señalar que un tremendo error de la filosofía moderna fue la de considerar el intelecto más importante que el vivir mismo, es decir, ensalzar lo ideal y despreciar lo real, la existencia misma. En este sentido, para dicho danés sus contemporáneos intelectuales fueron sumamente *deshonestos* y contribuyeron a confundir a las personas sobre el sentido de la vida y la mejor forma de vivirla. Así, uno de sus principales enemigos intelectuales fue el idealista Georg Wilhelm Friedrich Hegel, quien por su carácter hiper-intelectualista de la vida humana, señaló que "Hegel no entendió nada de ética" (Kierkegaard, 2017, p. 49).

Sobre el error de la filosofía hegemónica de la época moderna y la comunicación ética, Kierkegaard (2017) señaló que no se consideró como se debía el encarnar la verdad ética para comunicarla, lo que él llamaría comunicación indirecta y de poder. Por el contrario, se insistió abrumadoramente en el entendimiento de la verdad, lo que el llamó la comunicación directa y de saber. En este sentido, destacó que era más importante, como hasta la actualidad en muchos casos, saber sobre una buena ética que poder vivir con una buena ética. Del mismo modo, si queremos formar a una persona en torno a los valores éticos, dese su perspectiva, lo más importante sería lograr que la persona viva el saber ético que se le pretende enseñar, para de esta manera aprender por medio de la experiencia. Por ello, nuestro filósofo danés nos dice que "la ética y lo ético-religioso deben ser comunicados existencialmente y hacia lo existencial" (Kierkegaard, 2017, p. 80). Asimismo, en cuanto al rol del profesorado, hemos de convenir que sería un despropósito que una persona sin un valor ético como la solidaridad, intente educar la solidaridad en sus estudiantes. Aquello sería meramente una aproximación intelectual a la solidaridad que no tendría mayor significancia. En otras palabras, "la comunicación ética es comunicación de poder; y más precisamente de poder-deber" (Kierkegaard, 2017, p. 100). En resumen, una educación ética ha de comunicar de forma indirecta la posibilidad de encarnar los valores éticos, asimismo, ha de poner el acento en la experimentación de los valores éticos y no en su fundamento teórico, que, por cierto, claramente ha de existir. Pasemos ahora a ver algunas implicaciones para la EF.

## 3.1.1 Aplicaciones para la EF

Las intelecciones del filósofo danés son muy clarificadoras en cuanto al enorme potencial de la EF, la cual genera el contexto idóneo para que el alumnado desarrolle su poder-deber. En este sentido, el profesorado ha de tener un importante rol en aquella comunicación indirecta del poder-deber ético.

Por medio del juego motor y de los deportes, el alumnado escolar podrá experimentar los valores éticos, aunque, claramente, también los disvalores éticos, de modo que las guías éticas que pueda ejecutar el profesorado son fundamentales. Y, siguiendo la lógica kierkegaardiana, es de lo más provechoso que el alumnado pueda percibir un actuar ético del profesorado en alguna de aquellas actividades lúdicas y/o deportivas. Ya vemos el beneficio que puede tener la participación del profesorado de EF en las actividades de su alumnado, compitiendo o colaborando. En estos casos, también vemos que sería muy perjudicial a nivel ético que el alumnado vea un mal modelo ético en su docente. Esta idea de los modelos es retomada más adelante, ya que Scheler (2001) también hizo énfasis en ella y la incluí como un aspecto central de la educación ética basada en el amor en educación general (Mujica, 2020d, 2020e) y en EF (Mujica, 2020c). Estos planteamientos son también coherentes con los que señaló Paz (1992-1993), especialmente, con la oportunidad que existe con la EF de educar valores morales y principios éticos a las nuevas generaciones por medio del juego y los deportes.

## 3.2 MARÍA ZAMBRANO Y ÉTICA

Es el turno de referirnos a María Zambrano, filósofa y republicana española, que pasó buena parte de su vida exiliada por sus ideales políticos. Ya vemos que esta mujer ilustrada no solo se dedicó al mundo de las ideas, sino que estuvo muy cerca de los problemas reales de su época. En materia plenamente filosófica, podemos decir que esta pensadora malagueña tuvo una notable influencia agustiniana, kierkegaardiana, scheleriana, nietzscheana, orteguiana y unamuniana, de modo que, evidentemente, su posición frente a la filosofía ha de ser relativamente anti-idealista, anti-objetivista o anti-racionalista.

Sin esquivar los asuntos que podemos catalogar como objetivos y universales, Zambrano se aproximó a ellos desde su particular manera existencial, es decir, siempre cuidando su individualidad y personalidad. Asimismo, nunca olvidando los aspectos profundos de la afectividad que mueven el mundo, lo que llevó a concebir su propio método, en concreto, el de la *razón poética*, encargada de atender tanto los aspectos racionales como irracionales de la existencia. Junto a Søren Kierkegaard, con esta pensadora vamos desarrollando una concepción del mundo que, sin negar el aspecto espiritual de lo humano, ensalza también su condición vital y subjetiva. De este modo, nuestra pensadora señalaba que "filosofía, poesía y religión necesitan aclararse mutuamente, recibir su luz una de otra, reconocer sus deudas, revelar al hombre medio asfixiado por su discordia, su permanente y viva legitimidad; su unidad originaria" (Zambrano, 2019a, p. 79).

Sobre la ética, María Zambrano tiene una gran lucidez sobre los problemas heredados de la ética aristotélica, precisamente, por estar centrada en los aspectos objetivos y universales, y distanciada de los aspectos subjetivos y concretos. De los aspectos del individuo singular, primitivos o auténticos, en prosa kierkegaardiana. O lo aspectos del humano de carne y hueso, en prosa unamuniana. Así, Zambrano (2019a), describe aquella ética de aires griegos de la siguiente forma:

La ética es, frente a la vida humana, la ciencia, el saber científico; por lo tanto, universal y objetivo. Está desprendida del alma que la necesita, y aparece con el mismo carácter que la metafísica, ya que en realidad es la metafísica de la vida humana, de la *physis*[6] humana, que sería la psicología (p. 104).

Contraria a esa mirada objetivista o ultra-racionalista de la ética, nuestra filósofa malagueña reivindica una ética de corte personalista y que incluya el saber de experiencia y no solamente el saber intelectivo. En este sentido, ella destaca que para una adecuada ética, es decir, para un saber específico sobre el bien y el mal, "no basta el conocimiento universal, tiene que llegar al conocimiento del individuo, de eso que no podía entrar en la ciencia según Aristóteles" (Zambrano, 2019a, p. 105). Justamente, en torno a

---

[6] La letra cursiva pertenece a la cita textual.

aquel saber de experiencia, saber del individuo de carne y hueso, es posible encontrar aspectos que no podrán ser objetivados, pues, claro, los humanos no somos máquinas que pueden ser estudiadas como se estudia un objeto material inanimado. No somos mesas o puertas. Entonces, Zambrano (2019) no señaló que es preciso tener en cuenta que "no toda la experiencia se resignaría a ascender a ciencia. Alguna, tal vez, se resistirá siempre, por temor a dejar abandonado algo que la ciencia no había de recoger: alguna función imposible de llenar por el conocimiento universal y objetivo" (p. 105).

Otro aspecto que quiero destacar del *ethos* que reivindica Zambrano (2019b), es el del respeto a la categoría de persona, precisamente, a aquella categoría que hace referencia a lo más irreductible del ser humano y su existencia. Pero, audazmente, nuestra pensadora malagueña no desconoce que el ser humano es en esencia un ser social, de modo que es fundamental que aprenda a vivir la democracia. Aprendizaje que, claramente, tiene una vertiente ética, pues lo democrático es lo que ella considera éticamente correcto. Con respecto a esta relación entre persona y democracia, Zambrano (2019b) nos señaló que "si se hubiera de definir la democracia podría hacerse diciendo que es la sociedad en la cual no sólo es permitido, sino exigido, el ser persona" (p. 183). Si me pregunto, ¿cuál sería la mejor forma de educar éticamente el valor de la democracia? No puedo olvidar el *ethos* kierkegaardiano, que me diría, por medio de la comunicación indirecta y de poder, es decir, viviendo la democracia. Esto nos lleva a la conclusión de que en todas las naciones que se vive actualmente en democracia, se está educando éticamente esta misma. Lo cual nos lleva a una segunda conclusión, que la educación ética es algo de mucha amplitud que, en ningún caso, puede ser reducido o encerrado en el ámbito de la educación formal o escolar. En este sentido, hemos de recordar que el alumnado que llega a nuestras escuelas ha de venir con una educación ética que le ha proporcionado su vivir en familia y en la sociedad en general.

Para Zambrano (2019b), como hemos visto anteriormente, persona y democracia son dos conceptos que se potencian. Pero, además, como ha de quedar reflejado también en los derechos humanos universales, aquellos conceptos se asocian mucho al término de igualdad. Igualdad de trato y, por supuesto, de dignidad. Tal es la fe que nuestra pensadora tiene en la relación de persona y democracia, que incluso consideró que si alguna vez han de desaparecer las clases sociales y todas las injusticias que muchas veces derivan de ellas, ha de ser por la verdadera encarnación de ambos conceptos. En este sentido, nos regaló la siguiente intuición:

Y si alguna vez, realmente, desaparecieran las clases sociales, sólo podría suceder en virtud de que se hubiese llegado a vivir desde el ser persona del todo; de que esa realidad de la persona hubiese invadido, por decirlo así, todo el área de la realidad humana. De no ser así, fatalmente las clases nacerán y renacerán, una y otra vez. Más, en cambio, si el ser persona es lo que verdaderamente cuenta, no sería tan nefasto el que hubiese diferentes clases, pues por encima de su diversidad, y aun en ella, sería visible la unidad del ser persona, del vivir personalmente. Se trata, pues, de que la sociedad sea adecuada a la persona humana: su espacio adecuado y no su lugar de tortura (Zambrano, 2019b, pp. 186-187).

En síntesis, para aquella pensadora malagueña, mientras más encarnemos la sabiduría que hay en los términos persona y democracia, mejores humanos seremos. Pasemos ahora a algunas implicaciones para la EF, que es la disciplina pedagógica principal que nos convoca.

## 3.2.1 Aplicaciones para la EF

María Zambrano nos ha legado mucha sabiduría para poder aplicar a la EF, tanto a nivel escolar como a nivel universitario. Sin embargo, yo me enfocaré en dos cuestiones principales. Específicamente, en el saber de experiencia de la educación ética y en la participación democrática en los contextos pedagógicos.

Sobre la primera cuestión, del saber de experiencia, he de recomendar que la comunicación o enseñanza en torno a aprendizajes éticos en EF debemos llevarla a un punto mucho más profundo que meramente declarativo. Es decir, lo principal de aquella enseñanza no debe ser la explicación del *qué* o el *por qué* hemos de vivir los valores éticos. Sino que, tal como también planteaba Kierkegaard

(2017), hemos de conducir a los estudiantes a intuir los valores en el actuar del profesorado, en el propio actuar del alumnado y en el actuar de sus pares. Aunque, además, se podrían utilizar otros recursos para que puedan intuir los valores por medio de películas, videos o lecturas. Cabe destacar, que existe bastante material en torno al deporte y los valores éticos que podrían servir para aquel anhelo formativo. Entre ellos, podemos encontrar situaciones o historias de sacrificio para lograr una meta, de honestidad para practicar el *fair play*, de solidaridad para contribuir a alguna persona que tiene el rol de compañera o contrincante, de perseverancia para perseverar en una meta justa, entre muchas otras.

Otro aspecto fundamental del saber de experiencia, es que cada vez que se emprenda el importante proceso de formación ética en la asignatura de EF, no debemos olvidar que estamos frente a un o una estudiante de carne y hueso, con su propia historia personal, cultural e histórica. Por lo tanto, frente a este saber, hemos de responder la siguiente pregunta: ¿a todo el estudiantado hemos de educar sus valores éticos de la misma forma? Mi respuesta es clara, definitivamente, no. Como profesionales de la educación hemos de utilizar todas las estrategias necesarias para poder contextualizar al máximo la historia de vida de cada educando. Tarea muy difícil, por cierto, sabiendo que muchas veces la estructura de la educación formal tecnocrática y objetivista lo dificulta mucho más. En síntesis, hemos de sensibilizarnos con la individualidad singular de cada uno de los y las estudiantes. Para ello las evaluaciones diagnósticas y formativas son muy importantes, las cuales pueden ser llevadas a cabo por medio de entrevistas, observaciones, diarios personales o cuestionarios. En síntesis, hemos de saber que, sobre la educación del valor ético de la solidaridad, un estudiante que llega al aula de EF con facilidades para encarnarlo, no ha de requerir la misma atención que el estudiante con facilidad para encarnar el egoísmo. De hecho, una recomendación es que el profesorado se apoye en dicho estudiante para modelar indirectamente aquel valor ético para el grupo curso. A su vez, de forma directa, le podría solicitar ayuda para la labor pedagógica en cuanto a tal asunto.

Sobre la segunda cuestión espero ser bastante claro, aunque, por lo mismo, bastante directo. El profesorado de EF debe abandonar cualquier aire de autoritarismo. El profesorado de EF tiene todas las herramientas para ser autoritario, pero debe evitar convertirse en un dictador en el aula de clases. He de agregar, que ser un o una docente de corte dictatorial en muchos casos puede ser cómodo y, por lo mismo, beneficioso a nivel individual para el profesorado, pero, atención con esto último, solo a nivel individual. Por ejemplo, si el profesorado decide mantener un modelo tradicional de EF basada exclusivamente en el mando directo o la asignación de tareas, sin atender las inquietudes del alumnado, es muy probable que tenga poco que innovar. Es decir, tenga que trabajar menos, porque innovar es algo que cuesta mucho esfuerzo, dedicación y creatividad.

Entonces, puedo tener mayor bienestar subjetivo como recompensa a aquella actitud poco democrática, sustentada en un paradigma epistemológico conductista y mecanicista. Por consiguiente, cualquier docente que asuma un compromiso ético de enseñanza democrática ha de trascender aquel bienestar subjetivo que le produzca la comodidad y buscarlo en la satisfacción de llevar a cabo una praxis educativa adecuada a los requerimientos de la formación humana en una sociedad democrática.

Entre las acciones que el profesorado pueda llevar a cabo en una línea de intervención democrática, tenemos muchas. Cabe mencionar, que este modo de vivenciar la pedagogía no significa, por lo menos para mí, suprimir la autoridad del profesorado y su poder de tomar decisiones. Más bien, significa democratizar la mayor parte los saberes y estrategias del aula, sin anular aquella irreductible autoridad que toda persona que lidera un proceso pedagógico requiere. De lo contrario, podemos ver amenazada la propia esencia de la EF con aires democráticos. Entre las acciones democráticas en el aula de EF, podemos reconocer la inclusión del alumnado en diferentes decisiones pedagógicas referidas a las unidades didácticas. Esta inclusión podría tener un carácter vinculante o un carácter declarativo. Los significados de estas categorías serían las siguientes: a) participación vinculante: el alumnado participa en la toma de una decisión en función de lo propuesto por alumnado y profesorado, solo por el profesorado o solo por el alumnado; y b) participación declarativa: el alumnado participa de una consulta sobre una decisión que pretende tomar el profesorado o el propio alumnado. En general, de este modo se promoverá y vivirá la tan ensalzada autonomía de las personas en sus procesos pedagógicos.

## 3.3 DIETRICH VON HILDEBRAND Y ÉTICA

Este filósofo ítalo-alemán, también asociado al cristianismo y, en concreto, al catolicismo, es reconocido por sus intelecciones fenomenológicas en torno a la ética y la afectividad humana. En este sentido, su pensamiento tiene profundas raíces agustinianas, pascalianas y schelerianas. Como es comprensible, al inicio de su ensayo titulado *Las formas espirituales de la afectividad*, von Hildebrand (2016) arremete en contra de la tradición filosófica que ha negado su carácter espiritual y, por ende, ético, a la afectividad humana. Es decir, aquel pensamiento objetivista que ensalza la razón y la voluntad, despreciando, a su vez, los sentimientos. Dicha tradición, como bien explica, no se reduce solo al pensamiento occidental, sino que también al oriental. En oriente es encarnada por tradiciones como el hinduismo y el budismo, mientras que en occidente es encarnada por el intelectualismo griego y el moderno que tanto criticó Pascal (1967), Kierkegaard (1988, 2006, 2017), Zambrano (2019a) y Scheler (2010). En sentido contrario a dicha tradición hiper-intelectualista, von Hildebrand (2009) reivindica la espiritualidad tanto en la parte afectiva, intelectual o del entendimiento, como volitiva del ser humano. Precisamente, sobre la relación de la afectividad y la espiritualidad señaló lo siguiente:

Si analizamos sin prejuicios estos sentimientos superiores, no puede permanecernos oculto su carácter espiritual. Tomemos como ejemplo la alegría por la liberación de alguien que se hallaba prisionero injustamente en un campo de concentración. Esta alegría posee claramente el carácter de una *respuesta*[7]. Presupone un conocer el hecho de que la persona en cuestión se ha salvado. El entendimiento *tiene que* colaborar para que pueda tener lugar este acto. El saber que la persona en cuestión ha sido liberada, la experiencia o aprehensión cognoscitiva de ello, no solo es una percepción sensible, como el oír un ruido fuerte, sino que implica un comprender; es un acontecimiento manifiestamente intelectual. Además presupone también un conocimiento del valor. El sujeto ha de captar el valor que hay en esa liberación del preso; tiene que conocer el valor de una persona espiritual, de la libertad y de la justicia (von Hildebrand, 2016, p. 9).

Lo que Dietrich von Hildebrand nos dice en la cita anterior, es que entre los sentimientos humanos y la ética hay una conexión innegable. Quien también refleja muy bien aquello es Scheler (2001) y Marina (2009). En concreto, este último filósofo español nos recalca que todas las culturas han moldeado moralmente los sentimientos en función de

---

[7] Las cursivas de esta cita son parte del texto original.

su cosmovisión del mundo (Marina, 2009). A su vez, es enfático en señalar que no es correcto que la psicología sea la que dictamine lo que se ha de educar o no afectivamente, sino que aquella atribución ha de tenerla una perspectiva pedagógica basada en la ética (Marina, 2005). Precisamente, desde una mirada ética basada en los derechos humanos, yo he sostenido que hemos de evitar fundamentar una educación emocional basada en las cosmovisiones vitalistas, hedonistas, racionalistas, culturalistas y cientificistas (Mujica, 2020f).

Sobre aquella relación entre la afectividad y la ética que hunde sus raíces en el ámbito metafísico o espiritual, von Hildebrand (2009) sostiene que es fundamental no desnaturalizar las emociones, ya que ese es un error basado en concepciones objetivistas. Esto hace referencia a no negar la naturaleza espiritual y, por ende, ética de los sentimientos. Sin embargo, también aclara que no todo sentimiento ha de tener la categoría de espiritual, pero buena parte de ellos sí, incluidos, por cierto, las emociones. En cuanto al significado de emoción, según bien señala Marina (2009), podemos entenderlo como un "sentimiento breve, de aparición normalmente abrupta y manifestaciones físicas conscientes (agitación, palpitaciones, palidez, rubor, etc." (p. 35). En síntesis, hemos de considerar que, para von Hildebrand (2006, 2009, 2016), buena parte de los sentimientos humanos han de estar integrados con el ámbito ético y ético-religioso. Esto se justifica en la propia naturaleza humana que ha de tener tres centros espirituales.

Específicamente, señaló que "en el hombre existen una tríada de centros espirituales: entendimiento, voluntad y corazón que están destinados a cooperar entre sí y fecundarse mutuamente" (von Hildebrand, 2009, p. 56).

Supongo que el lector o la lectora luego de haber expuesto este pensamiento de von Hildebrand (2009, 2016), podría preguntarse lo siguiente: si la naturaleza del ser humano está vinculada a lo espiritual y ético, ¿por qué hay tantos seres humanos que tienen un actuar éticamente reprobable o faltos de una buena ética? Al respecto, respondería, que nuestro filósofo expuesto respondió ampliamente esta cuestión en su obra *Moralidad y conocimiento ético de los valores* (von Hildebrand, 2006). La respuesta la encontraríamos, en parte, en el *libre albedrío* de cada persona y, por ende, en sus propios actos volitivos que derivan en cegueras morales. De los resultados de sus estudios, este pensador nos ilustra que muchas personas tienen una ceguera moral o, en otras palabras, no son capaces de amar por sus actitudes morales frente al mundo o la realidad. En concreto, algunas personas estarían cegadas por posiciones débiles frente al sacrificio que significa amar, lo cual también denominó como actitudes fundadas en la *concupiscencia*. Por otra parte, una persona podría también tener una ceguera moral por sus posicionamientos de hostilidad frente al bien moral, lo que también sería denominado por sus actitudes orgullosas (von Hildebrand, 2006). En general, este asunto lo aborda con mucha especificidad y, al respecto, también expone varios ejemplos para quien quisiese comprender bien sus planteamientos. Por otra parte, hemos de reconocer que el medio ambiente también incide en la vida ética de las personas, lo cual Zambrano (2019b) tuvo muy  en cuenta al momento de reivindicar la democracia como aspecto fundamental para el adecuado desarrollo humano. Pasemos ahora a algunas aplicaciones en el campo de la EF.

## 3.3.1 Aplicaciones para la EF

Sobre la relación de la ética y las emociones, he de señalar que es una cuestión fundamental para evitar desarrollar una EF excesivamente subjetivista, vitalista y hedonista. En este sentido, sería un error creer que en EF solamente es correcto que se experimenten emociones positivas para el bienestar subjetivo (BS). Esa sería una errada interpretación que ignoraría la sabiduría de las emociones negativas para el BS. Por ejemplo, el enfado ante una injusticia en algún juego o práctica deportiva, el aburrimiento ante un método de enseñanza retrógrado o autoritario, la tristeza ante el anhelo de querer alcanzar una meta, la preocupación o el miedo ante el accidente de un compañero o de una compañera, etc. Sobre esto mismo, he de recomendar un ensayo que hemos publicado el año 2018 y que lleva por título *Educación emocional en la asignatura de educación física: análisis crítico del valor positivo o negativo de las emociones* (Mujica, Orellana y Canepa, 2018).

Precisamente, en dicho artículo hemos realizado la siguiente conclusión en torno al valor de las emociones en un contexto de EF:

Del análisis realizado sobre el valor educativo de las emociones en función de la construcción del derecho social al bienestar, se concluye que este no puede ser reducido a una perspectiva hedónica de la psicología, sino que debe ser interpretado desde una perspectiva integral que incluya una mirada socio constructivista, ya que una misma emoción puede ser interpretada de manera positiva o negativa, lo cual estaría sujeto en parte al BS[8] de todas las personas involucradas en una situación pedagógica. En este sentido, una educación emocional sustentada solo en principios hedonistas, enfoca el bienestar subjetivo desde una perspectiva egocéntrica, que no contribuye a la formación moral del alumnado y al bienestar social (Mujica et al., 2018, p. 18).

A propósito de las consideraciones que hice anteriormente sobre la competencia en la EF, he de señalar que en diferentes ocasiones se ha atascado el juego motor de competición y los deportes con base en las emociones negativas para el BS que el alumnado suele experimentar. Esto para mí y seguramente que para muchos otros profesionales de la EF es un error, sobre todo, entendiendo que emociones negativas para el BS no son sinónimo de consecuencia negativa para la educación. En dicho ensayo nos

---

[8] BS: Bienestar subjetivo.

referimos específicamente a ese asunto y hemos aportado el siguiente análisis:

Con respecto al tema de que la competición en la Educación Física sea una importante fuente de emociones negativas para el BS, no debe ser entendido como algo histórico-natural, sino como una realidad histórica natural-cultural, porque si esos estudios se realizan en el marco de una sociedad occidental, se debe tener en cuenta que valores como el individualismo y el egoísmo se encuentran muy presentes en el ámbito deportivo, académico o político-social. Por lo mismo, si en el alumnado predomina más el deseo del éxito por sobre una participación solidaria, que valore más el proceso de aprendizaje que el resultado, es lógico que exista una alta tensión durante las actividades motrices de competencia. Ante esto, la Educación Física tiene una gran posibilidad de educar en valores para un juego limpio en contextos de competencia, por sobre el egoísmo y las malas prácticas, donde se acepten los resultados de manera comprensiva y se acepte la derrota como una oportunidad (Mujica et al., 2018, pp. 11-12).

Este análisis sobre la competición expone el riesgo que supone desnaturalizar los sentimientos humanos como las emociones y asociarlas sin un análisis profundo a cuestiones pedagógicas. En otras palabras, este un síntoma que todavía nos lega una concepción positivista, empirista y cientificista de la vida humana y social. Entonces, la recomendación es que, como hemos planteado en variados ensayos (Mujica, 2018b, 2019a, 2020b, 2020c,

2020d, 2020e, 2020f, 2020g; Mujica et al., 2018; Mujica, Inostroza y Orellana, 2018; Mujica, Orellana y Luis-Pascual, 2019), hay que evitar interpretar de forma superficial y estandarizada las emociones en los contextos pedagógicos y, por supuesto, en los de EF.

## 3.4 MIGUEL DE UNAMUNO Y ÉTICA

He llegado al último filósofo que le dedico una atención particular y, a su vez, un poco más personalizada. Valga la ocasión, para señalar que fue el mismo Miguel de Unamuno el que recomienda en su obra *El sentimiento trágico de la vida*, aproximarse a la biografía de cada personalidad filosófica para comprender más el porqué de sus ideas. Esto también me recuerda la mirada perspectivista de José Ortega y Gasset, quien fue claro en señalar que el ser humano es buena parte de sus circunstancias. En cuanto a las circunstancias de este pensador vasco que nos convoca, hemos de señalar que Miguel de Unamuno fue un republicano y rector de la Universidad de Salamanca, influenciado en buena parte por la mirada kierkegaardiana y nietzscheana. En cuanto a sus ideas más profundas, hemos de señalar que su cosmovisión se enmarca en el pensamiento cristiano (Unamuno, 1971, 2013), pero a su manera unamuniana, es decir, se distancia de las miradas convencionales de las religiones cristianas. En esto se asemeja mucho a Kierkegaard (1988, 2017), quien fue muy crítico con sus contemporáneos religiosos que, según él, conformaban la cristiandad. Término peyorativo para referirse a la decadencia del cristianismo.

La presentación que he realizado de don Miguel de Unamuno, nos puede revelar que su pensamiento en torno a las diferentes cuestiones humanas prescinde de una perspectiva objetivista e idealista, en términos similares a los de las personalidades de la filosofía que he mencionado anteriormente. De hecho, es tan radical la reivindicación que hace Unamuno (1971) de la afectividad humana, que, en términos similares a Ortega y Gasset (2018), cuestiona de este modo que el ser humano sea un ser racional por excelencia:

El hombre, dicen, es un animal racional. No sé por qué no se haya dicho que es un animal afectivo o sentimental. Y acaso lo que de los demás animales le diferencia sea más el sentimiento que no la razón. Más veces he visto razonar a un gato que no reír o llorar. Acaso llore o ría por dentro, pero por dentro acaso también el cangrejo resuelva ecuaciones de segundo grado (Unamuno, 1971, p. 10).

A partir de la sabiduría que nos ofrece el pensamiento unamuniano, cabe preguntar, ¿cómo entonces se ha despreciado tanto la parte afectiva del ser humano? O, de otra forma, ¿cómo se ha ensalzado tan exageradamente la cuestión de la razón humana en contraste a sus otros ámbitos o centros espirituales? Las respuestas estarían en las palabras confusión y deshonestidad, como bien nos ilustró Kierkegaard (2017). Estas confusiones que cada vez son más aclaradas han de desmontar muchos errores que se han concretado como consecuencia de aquel intelectualismo. Por ejemplo, la misma educación centrada excesivamente en la razón y con muchas carencias en los otros ámbitos humanos, incluyendo, por supuesto, el físico. Una educación mucho más clara en el equilibrio de la naturaleza humana debería mejorar ampliamente el volumen que la EF tiene en el currículum. En cuanto a la afectividad, se ha puesto de moda el tema de la *Educación emocional*, pero yo soy crítico de aquella iniciativa. Precisamente, por su superficialidad y las confusiones que puede generar y que, seguramente, ya está generando. Para entender con más detalles estas precisiones, el lector y la lectora puede consultar mi obra titulada *Emociones y Educación* (Mujica, 2020f). Más que centrarnos en una asignatura denominada Educación emocional, que, en realidad, debería ser Educación sentimental o afectiva, pienso que el nuevo foco debería enfocarse en integrar la dimensión afectiva en todo lo que se refiere a la praxis pedagógica. Pero, claro, para una edificación de aquellas características se requiere tener una mínima comprensión del panorama filosófico en torno al asunto, la cual muchas veces se encuentra ausente. Veamos la relación que Unamuno nos enseñó en cuanto a los sentimientos y la vida del alma o del espíritu:

Aunque lo creamos por autoridad, no sabemos tener corazón, estómago o pulmones mientras no nos duelen, oprimen o angustian. Es el dolor físico, o siquiera la molestia, lo que nos revela la existencia de nuestras propias entrañas. Y así ocurre también con el dolor espiritual, con la angustia, pues no nos damos cuenta de tener alma hasta que ésta nos duele (Unamuno, 1971, p. 160).

En términos similares al filósofo alemán Martin Heidegger y contrario al del también alemán Max Scheler (Heidegger, 1997; Muñoz, 2013; Scheler, 2001), Unamuno (1971) le otorga bastante contenido espiritual al malestar subjetivo, al sufrimiento, al dolor, a la congoja y a la angustia que tiene implícito el vivir mismo. Sobre todo, la angustia como respuesta al propio vínculo que el ser humano establece con el mundo y los demás seres vivientes. No obstante, en concordancia con Scheler (2001, 2005), eleva a lo más alto el sentimiento de amor en la vida espiritual de cada persona. En este sentido, se aprecia que para Unamuno (1971) angustia y amor son sentimientos que están integrados. En esta relación hay otro concepto que para el filósofo vasco es fundamental, que es la compasión o el compadecerse por el prójimo, como un síntoma de angustia y de amor a la vez. Precisamente, nuestro pensador español planteó que "el amor compadece y compadece más cuanto más ama" (Unamuno, 1971, p. 107). Pasemos a ver algunas implicaciones de la perspectiva unamuniana en la EF. Perspectiva que, sin duda, ha de ser una referencia nutritiva para cualquier planteamiento de educación integral.

## 3.4.1 Aplicaciones para la EF

La educación integral y, más específicamente, la EF integral, se ha puesto de moda en las últimas décadas, con anterioridad a la nueva moda de la educación emocional. Nueva moda que, como ya hemos señalado, hunde sus bases más en la psicología que en una profunda postura filosófica, de modo que sus planteamientos no dejan de ser una crítica superficial al *status quo* de la educación formal. Entonces, cabe preguntarnos, ¿es lo suficientemente radical la postura de la educación integral para enfrentar las bases intelectualistas que todavía reinan en la pedagogía a nivel global? Lo intenta y, seguramente, cada vez tendrá más claridad para desmontar la confusión o ceguera racionalista que sobrevive en las escuelas y universidades. En cualquier caso, la producción filosófica postmoderna no se ha detenido y sigue trabajando para equilibrar el terreno. Equilibrio que, evidentemente, ha de otorgarle su merecido puesto a la formación ética de las personas desde una perspectiva práctica o vivencial, en primer lugar, y, en segundo lugar, de carácter teorética o racional.

Sobre la formación teórica en términos morales y éticos, que también he considerado en el modelo de educación ética basada en el amor, he de recordar los aportes de Kohlberg (1978, 1992), quien propuso dilemas morales para promover el razonamiento moral. Sin duda que el razonamiento moral es necesario trabajarlo en EF, sobre todo, entendiendo que entendimiento y afectividad se encuentran entrelazados (Damasio, 1996, 2009; Lazarus, 2000; Maturana, 2001; Mora, 2017; Mujica, 2018c; Salmurri, 2015). Cabe destacar, que el rol del profesorado ante dichos dilemas morales sería el de guía, o sea, orientar al alumnado para que, por medio de sus propias reflexiones, lleguen a un buen nivel o estadio de respuesta moral. Niveles y estadios morales que el jerarquizó desde una mirada egoísta del mundo hasta una mirada de fraternidad o solidaridad universal. Aunque, evidentemente, dichos estadios y niveles contienen muchos más contenidos que los aludidos. Retomando el rol del profesorado, diríamos que no ha de proporcionar las respuestas directamente al alumnado, sino que tendría una comunicación indirecta, similar a la mayéutica socrática.

Para aportar un poco más a la comprensión y posibilidad de aplicación de dilemas morales en EF, expongo el siguiente dilema de una investigación que hemos desarrollado en torno al *fair play* en un contexto de educación escolar secundaria:

## DILEMA

Es un día muy especial porque tú jugaras un encuentro deportivo de Futbol contra el colegio campeón del campeonato del año pasado. Para este partido se han preparado entrenando tres veces por semana durante un mes. Llega la hora del encuentro y tu equipo no logra obtener la victoria, ya que el otro colegio tuvo un mejor juego, sin embargo el equipo contrario se ofrece a invitarlos a comer para compartir, por lo que el entrenador les pregunta si quieren aceptar la invitación.

Preguntas

1.- ¿Aceptarías la invitación? ¿Por qué?

2.- Un compañero tuyo está muy enojado por la derrota y no quiere asistir a la comida ¿cómo consideras que está actuando? ¿Por qué?

3.- ¿Por qué crees que ellos los invitaron a comer?

4.- Si el otro equipo hubiese perdido ¿Cuál crees que haya sido su reacción en cuanto a la convivencia?

5.- ¿Qué es lo más valioso para ti, en un partido de Fútbol? (Mujica, Orellana y Toro, 2018, p. 4).

Como este tipo de dilemas morales que susciten la reflexión ética del alumnado pueden realizarse en función de múltiples contenidos, sobre todo, en función de múltiples aspectos asociados a los derechos humanos durante la práctica de actividad física y deportiva. La dinámica de estos dilemas permite que una vez contestadas las preguntas a nivel personal, el alumnado pueda reunirse en grupos a debatirlas y, posteriormente, hacer un debate a nivel general. Claro está que esta dinámica ha de llevarse a cabo, en lo posible, sin alterar las actividades prácticas de EF. Sería propicia para un día que no se pueda hacer EF en el patio, en el gimnasio o en las instalaciones para el aprendizaje motor.

# 4. MODELO DE EDUCACIÓN ÉTICA BASADA EN EL AMOR

Este modelo hunde sus principales ideas en la corriente fenomenológica de Max Scheler y José Ortega y Gasset, la cual, a su vez, se ha nutrido de los aportes de otras grandes personalidades de la filosofía como lo son San Agustín (1979), Blaise Pascal (1967), Franz Brentano (2013) y Edmund Husserl 1996). Este modelo, que originalmente fue expuesto y fundamentado en Mujica (2020c), tiene una idea central y es la siguiente:

> *(...) si nos referimos a los valores éticos que las personas deben tener con sus pares en el ámbito educativo y, por cierto, en la EF, diríamos que están fundados en la impresión radical o el sentimiento metafísico del amor (Mujica, 2020c, p. 99).*

Dicho modelo de educación ética en EF fue anticipado como un requerimiento a nivel pedagógico en Mujica y Orellana (2021), donde, tras discutir filosóficamente sobre el concepto de amor, señalamos que el modelo de Hellison en torno a la responsabilidad nos parecía insuficiente para representar la complejidad de la cuestión ética. Aquello fue expresado así:

*Cada vez que se ponen en práctica los valores éticos como la solidaridad, la responsabilidad, el perdón, la humildad, la tolerancia y el respeto, se está desarrollando una EF basada en el amor. En este sentido, sin ánimo de menospreciar el esfuerzo de otros especialistas en EF, se podría desarrollar un modelo de enseñanza de educación ética en EF mucho más amplio que el de Hellison (1978, 1985, 1995), ya que se utilizaría un concepto que incluye todos los valores éticos positivos y no solamente la responsabilidad persona y social. Dicho modelo podría llamarse, entre muchas otras denominaciones, educación basada en el amor en EF. Un modelo de este tipo podría contribuir a prevenir y abordar la violencia (simbólica, física, psicológica, sistémica) y el acoso (Bullying) escolar en EF, ya que es una problemática que ha sido reconocida en diversas investigaciones científicas en dicho contexto pedagógico (Mujica y Orellana, 2021, p. 4).*

Tras aquellos estudios, me dediqué a elaborar el modelo que había sido intuido como necesario para una EF escolar que quiera contribuir de buena forma al desarrollo ético de su alumnado. Este modelo puede ser extrapolado también a la EF universitaria y a otras disciplinas pedagógicas. En concreto, lo presenté en Mujica (2020c) y se puede apreciar, a grandes rasgos, en la Figura 3.

Figura 3. Modelo de enseñanza basada en el amor en EF.
Fuente: Mujica (2020c).

En la Figura 3, se ha representado que es la intuición moral del amor lo que llevará al profesorado a desarrollar adecuados sentimientos, pensamientos y deseos para con su alumnado en las sesiones de EF. Asimismo, con el alumnado, que podrán dirigirlos a sus pares y también a sus docentes. Este modelo no queda solamente en un nivel teorético, sino que también ha sido vinculado con acciones concretas. En cuanto a dichas prácticas que pueden ser llevadas a cabo para promover este modelo, se encuentran, a nivel general, las siguientes: a) ser un buen prototipo o ejemplo moral; y b) reflexionar sobre los diversos razonamientos morales que suceden y pueden suceder en el marco del deporte y la EF. En términos más específicos, se presentan algunas actividades en la Tabla 1.

Tabla 1. Actividades didácticas para una enseñanza ética basada en el amor en EF.

| Vía de los prototipos morales | Vía del conocimiento moral |
|---|---|
| 1. Prácticas virtuosas del profesorado. Por ejemplo: actos de empatía y solidaridad con el alumnado. | 1. Realización de dilemas éticos hipotéticos sobre temas asociados al deporte y la EF. Por ejemplo: sobre *fair play*. |
| 2. Prácticas virtuosas del alumnado. Por ejemplo: actos de tolerancia y responsabilidad con sus pares. | 2. Reconocimiento de las prácticas virtuosas que suceden en las sesiones de EF. |
| 3. Visualización de vídeos que reflejen buenos actos en el marco del deporte y la EF. | 3. Reconocimiento de las prácticas virtuosas que suceden en entornos deportivos y asociados a la EF. |
| 4. Lectura de relatos que reflejen actos virtuosos en el marco del deporte y la EF. | 4. Reflexión de los propios comportamientos en las sesiones de EF en función de diferentes valores éticos positivos. |

Fuente: Mujica (2020c).

Como se puede apreciar en la Tabla 1, este modelo recoge también planteamientos filosóficos y éticos de las diferentes personalidades del mundo de la filosofía que fueron abordadas a lo largo del texto. Sin embargo, aprecio que hace falta poner énfasis en las cuestiones de la educación democrática que nos advirtió Zambrano (2019b), como un elemento fundamental para el desarrollo personal. Aunque, también es cierto, podría ser deducido de los puntos en torno a los prototipos morales y el conocimiento moral de la Tabla 1. En este sentido, he cuidado mantener un lenguaje bastante amplio para evitar reduccionismos innecesarios y limitantes. En su defecto, dicha amplitud puede ser poco clara para quienes necesitan de propuestas más específicas, para lo cual, espero, no falten individuos singulares o personalidades de carne y hueso que contribuyan a dicha tarea.

# 5. DERECHOS HUMANOS Y EDUCACIÓN FÍSICA

Los derechos humanos (DD.HH.) podemos entenderlos como el repertorio ético-moral más importante y universal que hay en la actualidad. El cual, por cierto, es relativamente joven, ya que no tiene todavía 100 años de existencia. En este repertorio se han plasmado importantes avances filosóficos sobre los conceptos de persona y dignidad humana. Conceptos que, cabe destacar, hunden bastante sus raíces en la compleja cosmovisión y tradición cristiana (Beuchot, 2004; Mari, 2014; Mujica y Orellana, 2020; Papacchini, 2003), que ha sido desarrollada por más de dos mil años en materia filosófica y teológica. Precisamente, sobre esto hemos realizado una crítica al filólogo y filósofo Friedrich Nietzsche, quien argumentó en su obra titulada *Anticristo* (Nietzsche, 2014), que el amor cristiano debilitaba y deformaba al ser humano. En sentido contrario, versando sobre educación en derechos humanos y refutando sus dichos vitalistas, sobre todo considerando el gran logro que significan dichos derechos de carácter universal, llegamos en nuestro estudio a la siguiente conclusión:

Se concluye que esencialmente la moral cristiana no fomenta la debilidad humana como señalan las ideas vitalistas nietzscheanas, ya que principalmente se orienta a fortalecer las cualidades espirituales de las personas, como su voluntad y sus valores, lo cual no es contradictorio con el desarrollo de sus cualidades físicas en contextos adecuados. Precisamente, es cierto que rechaza el fortalecimiento psicofísico por medio de conductas o situaciones inadecuadas que atenten contra la dignidad humana, ya que por ningún motivo se enmarca en la idea de que el fin justifica los medios, aunque sucesos históricos hagan parecer lo contrario. Así, que exista una paradoja en torno a los hechos asociados al cristianismo no es un motivo razonable para anular sus ideales, ya que son solo algunos seres humanos los que hacen posible esas contradicciones, mientras que otros son capaces de encarnar correctamente aquellas ideas. Asimismo, justamente es la condición de imperfección humana la que justifica el hecho pedagógico, de modo que ante las paradojas o contradicciones de los buenos ideales morales, lo correcto es insistir con su proliferación (Mujica y Orellana, 2020, p. 128).

Una mirada ingenua sobre la educación ética podría preguntarse, ¿qué relación tiene el cristianismo y la ética? O, mucho peor aún, asegurar que no existe tal relación. Esto sucede mucho y es culpa de la excesiva superficialidad de la educación actual. Bueno, para que el lector y la lectora pueda responder aquella pregunta y no caer en tal negación, le recomiendo indagar con profundidad en la temática y leer con mucha atención a las diferentes personas representantes de la filosofía que he mencionado en esta obra. Por cierto, ¿qué relación tiene todo esto con la EF? Espero que nadie se apresure y diga *ninguna*. La EF se encuentra subordinada a todas las discusiones éticas generales de la sociedad, pues dicha materia desborda aquella disciplina pedagógica. En este sentido, la mayoría de los tratados internacionales en materia de DD.HH tiene consecuencias teóricas y prácticas en la EF, sobre todo, en las naciones democráticas más comprometidas con dichos principios éticos.

En términos más específicos, la EF ha de tener compromisos éticos con los DD.HH en materia de género, de integración sociocultural, de inclusión y de bienestar a su alumnado, entre muchos otros. En este caso me centraré en el asunto del género y la cultura patriarcal o androcéntrica, que, sin duda, es un problema bastante amplio y complejo. Por ello, le dedicaré una mayor atención para poder contextualizarlo de forma adecuada, con la seriedad que considero necesaria.

La cuestión de los DD.HH y la EF nos puede llevar a abordar muchas otras temáticas que quedarán pendientes para, de ser posible, ser profundizadas en otras obras. Por ejemplo, el asunto de la interculturalidad y sus problemáticas derivadas de semejante desafío; el acceso a la educación; la inclusión educativa; el tema del bienestar y del malestar; o el tema de la violencia. Como vemos, estos aspectos y muchos más podrían ser parte de un estudio en torno al gran paragua de los DD.HH. De todas maneras, no me cabe duda que muchas otras personalidades del área de la EF han de estar trabajando y teorizando sobre ellos.

## 5.1 EL PROBLEMA DEL PATRIARCADO

*Despreciar el feminismo porque no todos los hombres son maltratadores o violadores es tan estúpido como decir que el racismo no existe porque no todos los blancos son del Ku Klux Klan* (Pérez de las Heras, 2019, p. 70).

La dominación masculina en la sociedad es un fenómeno de larga trayectoria histórica, la cual configuró una compleja cultura patriarcal, marcada por diversas manifestaciones machistas y misóginas. En este simbolismo social, que todavía sobrevive a nivel mundial, se pueden apreciar múltiples significados y estereotipos de género que alienan la subjetividad humana (Bourdieu, 2000; De Beauvoir, 2017; Martínez y Ramírez, 2017; Mujica, 2019b, 2020d; Pérez de las Heras, 2019). Cabe destacar, que la sobrevivencia de la cultura patriarcal es desigual a nivel mundial, ya que la cultura feminista ha podido mejorar la moral humana en diversas naciones desarrolladas. También la cultura patriarcal es desigual a nivel personal en un mismo territorio, es decir, hay diferentes niveles de machismo en hombres y mujeres de una misma región.

Sobre los niveles de machismo en la sociedad, evidentemente, son los hombres los que regularmente han manifestado las expresiones más brutales y crueles del maltrato hacia las mujeres, como las violaciones o los feminicidios. Aquellos altos niveles de machismo pueden ser perfectamente tratados como actos de personas psicópatas, que no han logrado desarrollar una sensibilidad moral asociada a la bondad humana y se dejan llevar por sus enfermizos instintos extremadamente egoístas. En este sentido, basándome en los análisis del filósofo ítalo-alemán von Hildebrand (2006, 2009), diría que quienes han encarnado aquellos brutales niveles de machismo son personas que han padecido una de las más severas cegueras morales. En términos similares, podríamos comparar los crímenes machistas con muchos otros crímenes de lesa humanidad, por ejemplo, con las víctimas de la esclavitud, del comunismo o del holocausto nazi. Por supuesto, liderados y cometidos por personas muy descendidas a nivel moral.

Con menor gravedad, pero también dañinas, encontramos muchas manifestaciones machistas que denotan cegueras morales, por ejemplo, reproducción de estereotipos de género, indiferencia ante las injusticias patriarcales y aprovechamiento por parte de los hombres a los beneficios que le otorga dicho orden social inequitativo. Por otro lado, encarnando una realidad mundial muy esperanzadora, existen hombres y mujeres que denotan una moral feminista muy bien desarrollada, es decir, que, con una actitud anti-patriarcal, promueven la igualdad de derechos humanos con independencia del sexo y el género.

El patriarcado contemporáneo del siglo XXI, por lo menos en occidente, se encuentra muy debilitado en comparación con el de las épocas anteriores, es decir, con el de la Edad Antigua, Edad Media y Edad Moderna. Aquel debilitamiento se aprecia en una conciencia moral colectiva que, en buena parte de la sociedad, ha criticado los patrones culturales patriarcales y ha levantado la bandera de la lucha feminista. Esto último es fundamental, porque dicho progreso moral no es producto de una causa desconocida, es el triunfo de la razón, la democracia, la justicia y el amor por sobre la barbarie humana. Cabe destacar, que el ejemplo moral de Jesús también tuvo un horizonte feminista que desafió algunas de los cánones machistas de su época (Mujica, 2018a), pero, paradójicamente, buena parte de las religiones cristianas convencionales no han sido un ejemplo en dicha materia. Aquello también podría entenderse por la falta de progreso moral de los hombres que tomaron el liderazgo del mensaje cristiano. Al respecto, en los últimos años la religión anglicana en Inglaterra ha rectificado su trato a los mujeres y ha dado algunos pasos feministas al permitirlas en el sacerdocio, es decir, ser sacerdotisas de su religión cristiana (Amiguet, 2017). Lo anterior, sin duda, no es algo ajeno de la conciencia moral colectiva de dicho territorio y su desarrollo cultural. De hecho, Inglaterra ha sido también parte de la cuna del movimiento feminista contemporáneo (Rochefort, 2010).

## 5.1.1 El desafío de la igualdad de género en EF

El manto cultural patriarcal en la EF y los estereotipos de género[9] que lo prosiguen, han sido expuestos en múlti-

---

[9] Con respecto al género, he de considerarlo como un constructo biopsicosocial, evitando cualquier concepción reduccionista que niegue la complejidad de dicho fenómeno humano.

ples investigaciones (Mujica, 2020h). Patrones de masculinidad y feminidad hegemónica que, por cierto, afectan a chicos y chicas. En términos generales, a los estudiantes de género masculino el entorno de EF les exige ser personas rudas y fuertes, relativamente insensibles, acostumbradas a los deportes asociados históricamente a los hombres, como rugby, fútbol, artes marciales, etc. Asimismo, en cuanto a la participación con estudiantes del género femenino, el entorno les exige que sean superiores en términos físicos y motrices. Por el contrario, a las estudiantes del género femenino el entorno les suele exigir que representen la belleza estética, lo artístico y la sensibilidad propia del arte. No habría ningún problema con que las chicas demuestren debilidad física o menor habilidad motriz en deportes dominados por el género masculino. Del mismo modo, el entorno les exigiría conductas asociadas a la heterosexualidad y discriminaría negativamente las manifestaciones que puedan reflejar algún tipo de homosexualidad. Sumado a ello, evidentemente, quienes también son víctimas de estos patrones hegemónicos son las personas transexuales, que rompen el esquema tradicional y suelen desatar el rechazo a lo que escapa de la mal entendida normalidad.

Las investigaciones que se han aproximado al fenómeno de la desigualdad de género en EF, señalan que incluso el profesorado de EF reproduce aquellos patrones hegemónicos sexistas. Los cuales, por supuesto, favorecen la comodidad de quienes pertenecen a tradición cultural del género masculino. En este sentido, la masculinidad hegemónica en la cultura deportiva influiría en las preferencias motrices del alumnado. Por consiguiente, se ha señalado que los estereotipos a favor del género masculino desincentivan a las alumnas con la competencia y el rendimiento deportivo (Alvariñas-Villaverde y Pazos-González, 2018; Flores, Matheu, Juica, Barrios y Mejías, 2019; Gerdin y Larsson, 2018; Pereira, 2017). Cabe destacar, que estas diferencias de género son más complejas de lo que se pueda creer, ya que se encuentran extendidas a nivel general en la sociedad. Por ejemplo, diferentes investigaciones han mostrado como la prensa deportiva reproduce masivamente los patrones que representan la desigualdad de género (Mujica y Concha, 2020; Romero, Barbosa, De Freitas y Sampaio, 2016; Sainz de Baranda, 2014a, 2014b; San Martín, Mujica y Orellana, 2019). Justamente, ante la complejidad y amplitud en términos culturales del asunto, hemos planteado las siguientes implicaciones para la EF escolar:

Es necesario pensar que el deporte, y también la EFyD[10] representa un espacio que favorece la dominación masculina. Esto se explica por la presencia habitual de estereotipos de género que articulan las relaciones y expresiones de la EFyD. Por esta razón, el logro de habilidades deportivas tiene como parámetro, para las niñas y jóvenes, el desempeño masculino.

---

[10] EFyD: Educación Física y Deporte.

Esta situación supone lógicas de sentido común complejas de enfrentar, por cuanto los miembros de la comunidad escolar las naturalizan e incorporan en sus relaciones. Junto a esto, los medios de comunicación construyen y transmiten un tipo de discurso que se legitima en la sociedad, y por lo tanto en la escuela. Tanto los formadores como los profesores de EFyD deben comprender y aprender, mediante un ejercicio deconstructivo, a desmontar críticamente las racionalidades de desigualdad de género que operan en el deporte (San Martín et al., 2019, p. 112).

Finalmente, cabe agregar, que como he planteado en Mujica (2020h), para transformar esos sentidos patriarcales que se encuentran implícitos silenciosamente en muchos centros educativos durante las sesiones de EF, es fundamental que el profesorado deje de estar cómodo con el orden androcéntrico establecido. Afortunadamente, sobre todo en Europa, he de señalar que cada vez se avanza más en la materia y se visibilizan más las injusticias que deben ser transformadas para lograr mejores relaciones éticas.

# 6. CONSIDERACIONES FINALES



En las palabras finales que pronunciaré en esta obra, no puedo prescindir de recordarles a los lectores y a las lectoras, de que la formación ética es una de los anhelos más fundamentales de la educación y, por ende, no puede serlo menos en mi disciplina pedagógica, o sea, en la EF. Formación ética que como ya diferentes filósofos nos han ilustrado, con énfasis en la perspectiva kierkegaardiana, ha de tener, en primer lugar, una comunicación práctica, vivencial, existencial, fenomenológica, indirecta y de poder. En segundo lugar, y solo en esta posterior ubicación, hemos de emprender una comunicación más directa, intelectiva, racional y de saber sobre la materia ética.

Es de especial relevancia para la EF que pensadores y pensadoras de la talla de Søren Kierkegaard, Max Scheler, Edith Stein, José Ortega y Gasset, Dietrich von Hildebrand, Miguel de Unamuno y María Zambrano sienten las bases del elevado potencial que tiene la propia praxis, la propia vivencia, o la propia experiencia en la formación ética del ser humano. Ante tales fundamentaciones teóricas, cualquier persona que ejerza la profesión de EF ha de tener claridad que su asignatura es de las más relevantes, si es que no la más importante entre todas las existentes, para el desarrollo ético del alumnado en la tapa escolar. Aquella persona que ejerza la profesión docente en la materia de

EF no debe olvidar que, en el marco del juego motor y la práctica de actividades deportivas, es más importante *ser* o *actuar* con solidaridad, *ser o actuar* de forma respetuosa con la dignidad humana personal y ajena, *ser* o *actuar* de forma responsable, *ser* o *actuar* de forma honesta en cuanto a los principios que norman las actividades, en contraste de solamente *saber* o *entender* la importancia de aquellos valores éticos. En el mejor de los horizontes éticos, hemos de aspirar a que el alumnado escolar logre *ser, actuar, saber* y *entender* en torno a los valores éticos. ¿Cuáles valores éticos? Creo que es suficiente, por ahora, conformarnos con lo que nos manda la declaración de los DD.HH. universales. Como bien señaló Ingarden (2001), el estudio de aquellos valores en ningún caso se encuentra agotado con aquella declaración. Pero, a nivel pedagógico, todavía queda mucho trabajo por delante para pensar una EF completamente inclusiva e igualitaria que respete cabalmente al individuo singular desde una mirada democrática.

Para lograr aquel *quijotesco* anhelo de una democracia en que todas las personas se comporten realmente como *personas*, y que derive en una EF donde todos sus integrantes representan realmente la elevada categoría de *persona*, tengo la impresión de que falta todavía, sobre todo, por los defectos sociales que he manifestado en Mujica (2020h). Quien, claramente, nos ilustra de lo complejo que ha de ser todo lo anterior señalado es la filósofa malagueña, agregando que "para ser persona hay que querer serlo, si no, se es solamente en potencia, en posibilidad. Y al querer serlo se descubre que es necesario un continuo ejercicio, un entrenamiento" (Zambrano, 2019b, p. 208). Por tanto, cabe preguntarnos, ¿habremos llegado como sociedad en general a desprendernos de todas la comodidades que significan no ser persona? No, por supuesto. Aquello lo apreciamos en las múltiples personas que se benefician en todo el mundo de las violaciones de DD.HH. Como humanidad, todavía nos queda un largo camino por delante y la educación ética en todas sus circunstancias, incluyendo la EF, es uno de ingredientes principales para progresar.

# 7. REFERENCIAS BIBLIOGRÁFICAS

Alvariñas-Villaverde, M. y Pazos-González, M. (2018). Estereotipos de género en Educación Física, una revisión centrada en el alumno. *Revista Electrónica de Investigación Educativa, 20*(4), 154-163. doi: 10.24320/redie.2018.20.4.1840

Amiguet, T. (2017). Mujeres sacerdotes, la Iglesia de Inglaterra reta al catolicismo. *Periódico La Vanguardia.* Recuperado de: https://www.lavanguardia.com/hemero-teca/20171111/432719439593/iglesia-de-

Amilburu, G. (2014). Filosofía y actitud filosófica: sus aportaciones a la educación. *Revista Española de Pedagogía, 72*(258), 231-247.

Benzo, M. (1967). *Moral para universitarios.* Madrid: Ediciones cristiandad.

Beuchot, M. (2004). *Filosofía y derechos humanos* (5ª ed.). Buenos Aires: Siglo XXI.

Bourdieu, P. (2000). *La dominación masculina.* Barcelona: Anagrama.

Brentano, F. (2013). *El origen del conocimiento moral.* Madrid: Tecnos.

Cagigal, J. M. (1984). ¿La Educación Física ciencia? *Educación Física y Deporte, 6*(2-3), 49 58.

Cagigal, J. M. (2002). *Lo que no sabemos de los valores.* Madrid: Encuentro.

Cagigal, J. M. (1981). *¡Oh deporte! Anatomía de un gigante.* Valladolid: Miñón.

Cecchini, J. (1996). Concepto de Educación Física. En V. García (Ed.), *Personalización en la Educación Física* (pp. 19-66). Madrid: Rialp.

Contreras, O. (1998). *Didáctica de la Educación Física: Un enfoque constructivista.* Barcelona: Inde.

Damasio, A. (2009). *En busca de Spinoza. Neurobiología de la emoción y los sentimientos*. Madrid: Brosmac.

Damasio, A. (1996). *El error de Descartes. La emoción, la razón y el cerebro humano*. Barcelona: Crítica.

De Beauvoir, S. (2017). *El segundo sexo*. Madrid: Cátedra.

Devís, J. (2018). Los discursos sobre las funciones de la Educación Física Escolar. Continuidades, discontinuidades y retos. *Revista Española de Educación Física y Deportes, 423*, 121-131.

Fernández-Río, J., Calderón, A., Hortigüela-Alcalá, D., Pérez-Pueyo, Á. y Aznar, M. (2016). Modelos pedagógicos en Educación Física: Consideraciones teórico-prácticas para docentes. *Revista Española de Educación Física y Deportes, 413*, 55-75.

Flores, R., Matheu, A., Juica, P., Barrios, E. y Mejías, B. (2019). Análisis de género de clases de la autodeterminación del rendimiento y la motivación en clase de Educación Física. *Revista Cubana de Investigaciones Biomédicas, 38*(2), 27-44.

García, L. y Gutiérrez, D. (2017). *Aprendiendo a enseñar deporte. Modelos de enseñanza comprensiva y educación deportiva*. Barcelona: Inde.

Gerdin, G. y Larsson, H. (2018). The productive effect of power: (dis)pleasurable bodies materialising in and through the discursive practices of boys' physical education. *Physical Education and Sport Pedagogy, 23*(1), 66-83.

Hartmann, N. (2011). *Ética*. Madrid: Encuentro.

Heidegger, M. (1997). *Ser y Tiempo*. Santiago de Chile: Editorial Universitaria.

Hellison, D. (1995). *Teaching responsibility through physical activity*. Champaign, IL: Human Kinetics.

Hellison, D. (1978). *Beyond ball and bats: Alienated (and other) youth in the gym*. Washington, DC.: American Alliance for Health, Physical Education, Recreation and Dance.

Hellison, D. (1985). *Goals and strategies for physical education*. Champaign, IL: Human Kinetics.

Husserl, E. (1996). *Meditaciones cartesianas.* México: Fondo de Cultura Económica.

Ingarden, R. (2001). *Sobre la responsabilidad.* Madrid: Caparrós.

Kierkegaard, S. (2006). *Las obras del amor. Meditaciones cristianas en forma de discursos.* Salamanca: Sígueme.

Kierkegaard, S. (2017). *La dialéctica de la comunicación ética y ético-religiosa.* Barcelona: Herder.

Kierkegaard, S. (1988). *Mi punto de vista*. Madrid: Aguilar.

Kirk, D. (2008). Los futuros de la Educación Física: la importancia de la cultura física y de la «idea de la idea» de Educación Física. En AA. VV. *Actas V Congreso Asociación Española de Ciencias del Deporte.* León: Universidad de León.

Kohlberg, L. (1978). El niño como filósofo moral. En J. Delval (Ed.) *Lecturas de* psicología del niño (pp. 303-314). Madrid: Alianza Editorial.

Kohlberg, L. (1992). *Psicología del desarrollo moral*. Bilbao: Desclée de Brouwer.

Lazarus, R. (2000). *Estrés y emoción. Manejo e implicaciones en nuestra salud*. Bilbao: Desclée de Brouwer.

Lleixà, T. (2003). *Educación Física hoy. Realidad y cambio curricular.* Barcelona: Horsori.

Mari, G. (2014). La aportación del concepto de <<persona>> a la educación intercultural. *Revista Española de Pedagogía, 72*(258), 299-313.

Marina, J. A. (2009). *El laberinto sentimental* (9ª ed.). Barcelona: Anagrama.

Marina, J. A. (2005). Precisiones sobre la educación emocional. *Revista Interuniversitaria del Profesorado, 54*, 27-44.

Maritain, J. (2008). *La educación en la encrucijada.* Madrid: Palabra.

Martínez, I. y Ramírez, G. (2017). Des-patriarcalizar y des-colonizar la educación. Experiencias para una formación feminista del profesorado. *Revista Internacional de Educación para la Justicia Social, 6*(2), 81-95.

Maturana, H. (2001). *Emociones y lenguaje en educación y política.* Santiago de Chile: Dolmen.

Mora, F. (2017). *Neuroeducación: solo se aprende aquello que se ama.* Madrid: Alianza.

Mujica, F. (2020c). Modelo de enseñanza basada en el amor en Educación Física: una mirada enfocada en la ética. *EmásF. Revista Digital de Educación Física, 66*, 95-106.

Mujica, F. (2020g). Emociones morales en educación: análisis del enfado en el contexto neoliberal. *Revista Educación, Política y Sociedad, 5*(2), 33-49.

Mujica, F. (2020h). Educación física crítica: un enfoque fundamental para la igualdad de género y la inclusión educativa en Chile. *Infancia, Educación y Aprendizaje, 6*(2), 1-17.

Mujica, F. (2018a). El sentido feminista en el cristianismo. *Revista Crítica.cl.* Recuperado de: https://critica.cl/estudios-culturales/el-sentido-feminista-en-el-cristianismo

Mujica, F. (2018b). Educar y suscitar emociones en la educación: Análisis crítico de su contribución al desarrollo moral. *Ensayos. Revista de la Facultad de Educación de Albacete, 33*(2), 15-27. doi: 10.18239/ensayos.v33i2.1540

Mujica, F. (2018c). Las emociones en la educación física escolar. El aporte de la evaluación cualitativa. *EmásF. Revista Digital de Educación Física, 51*, 64-78.

Mujica, F. (2019a). Formación emocional con un sentido moral humanista-cristiano: análisis en función del amor. *Paulo Freire. Revista de Pedagogía Crítica, 17*(21), 126-141.

Mujica, F. (2019b). Reglamento sexista en los centros de educación escolar en Chile. *CPU-e. Revista de Investigación Educativa, 29*, 87-107. doi: 10.25009/cpue.v0i29.2634

Mujica, F. (2020a). Fundamentos para una educación física postcartesiana: análisis crítico a la ciencia de la motricidad humana. *EmásF. Revista Digital de Educación Física, 63*, 104-115.

Mujica, F. (2020b). El término Educación Física en la posmodernidad: contribución de algunas perspectivas fenomenológicas. *Retos. Nuevas Tendencias en Educación Física, Deportes y Recreación, 38*, 795-801.

Mujica, F. (2020d). Educación moral en función del amor en los procesos pedagógicos: prevención de la violencia de género. *Revista Ensayos, 35*(1), 67-78.

Mujica, F. (2020e). *Educación ética basada en el amor. El valor moral de las emociones.* Sevilla: Punto Rojo.

Mujica, F. (2020f). *Emociones y Educación.* España: Mibestseller.

Mujica, F. y Concha, R. (2020). Desigualdad de género en la prensa deportiva de El Mercurio. *La Trama De La Comunicación, 24*(1), 071-084.

Mujica, F. y Orellana, N. (2020). Tradición cristiana y educación para los derechos humanos: crítica al sentido moral de Nietzsche. *Revista Ensayos Pedagógicos, 15*(1), 117-130. doi: 10.15359/rep.15-1.6

Mujica, F. y Orellana, N. (2021). El amor en educación física: una perspectiva filosófica basada en Max Scheler y José Ortega y Gasset. *Retos. Nuevas Tendencias en Educación Física, Deportes y Recreación, 39*, 1-6.

Mujica, F., Inostroza, C. y Orellana, N. (2018). Educar las emociones con un sentido pedagógico: Un aporte a la justicia social. *Revista Internacional de Educación para la Justicia Social, 7*(2), 113-127.

Mujica, F., Orellana, N. y Canepa, P. (2018). Educación emocional en la asignatura de educación física: análisis crítico del valor positivo y negativo de las emociones. *Dilemas contemporáneos: Educación, política y valores, 6*(1), 1-23.

Mujica, F., Orellana, N. y Luis-Pascual, J. C. (2019). Perspectiva moral de las emociones en los contextos de educación formal. *Revista Ensayos Pedagógicos, 14*(1), 69-90. doi: 10.15359/rep.14-1.4

Mujica, F., Orellana, N. y Toro, G. (2018). Fair Play en la derrota deportiva. El razonamiento moral de estudiantes entre 16 y 17 años. *Educación Física y Ciencia, 20*(3), 1-7.

Muñoz, E. (2013). *Heidegger y Scheler. Estudios sobre una relación olvidada.* Pamplona: Cuadernos de Anuario Filosófico.

Nietzsche, F. (2014). *El anticristo. Una maldición sobre el cristianismo.* Zarátamo: Maceda.

Oña, A. (2002). La ciencia en la actividad física: viejos y nuevos problemas. *European Journal of Human Movement, 9*, 9-42.

Ortega y Gasset, J. (2018). *Estudios sobre el amor* (17ª ed.). Madrid: Edaf.

Papacchini, A. (2003). *Filosofía y Derechos Humanos.* Cali: Universidad del Valle.

Pardo, R. y García-Arjona, N. (2013). Impacto de un programa físico-deportivo para educar en valores. Estudio de caso en una "escuela de continuación". En M. L. Zagalaz, A. Lara, J. Chacón y G. Torres (Eds.), *El deporte como vehículo de integración* (pp. 33-48). Sevilla: Wanceulen.

Pascal. (1967). *Pensamientos.* Madrid: Espasa-Calpe.

Paz, J. (1992-1993). Enseñar ética en educación física y deporte. *Educación Física y Deporte, 14-15*(1)*, 61-62.*

Pereira, M. (2017). A construção identitária nas aulas de educação física. *Revista Brasileira de Educação, 22*(69), 339-359. doi: 10.1590/S1413-24782017226918

Pérez de las Heras, N. (2019). *Feminismo para torpes.* Barcelona: Planeta.

Polaino-Lorente, A. (1997). Definición de ética. Relación de la ética con otros saberes. En L. M. Pastor y F. J. León (Eds.), *Manuel de ética y legislación en Enfermería* (pp. 2-7). Madrid: Mosby.

Rochefort, F. (2010). Del derecho de la mujer al feminismo en Europa, 1860-1914. En C. Fauré (Ed.), *Enciclopedia histórica y política de las mujeres. Europa y América* (pp. 193-212). Madrid: Akal.

Romero, E., Barbosa, E., De Freitas, A. y Sampaio, K. (2016). Mujeres en la prensa deportiva brasileña: imágenes y palabras. *Estudios sociológicos, 34*(100), 85-106.

Sainz de Baranda, C. (2014a). Las mujeres en la prensa deportiva: dos perfiles. *Cuadernos de Psicología del Deporte, 14*(1), 91-102.

Sainz de Baranda, C. (2014b). El género de los protagonistas en la información deportiva (1979-2010): noticias y titulares. *Estudios sobre el Mensaje Periodístico, 20*(2), 1225-1236.

Salmurri, F. (2015). *Razón y emoción. Recursos para aprender y enseñar a pensar.* Barcelona: RBA.

San Agustín. (1979). *Obras de San Agustín II. Las confesiones* (7ª ed.). Madrid:    Biblioteca de autores cristianos.

San Martín, D., Mujica, F., Orellana, N. (2019). Revisión crítica de la desigualdad de género en la prensa deportiva (2012-2018): Implicaciones para la educación física escolar. *Journal of Sport and Health Research, 11*(Supl. 2), 105-116.

Scheler, M. (1978). *El puesto del hombre en el cosmos* (13ª ed.). Buenos Aires: Losada.

Scheler, M. (2001). *Ética. Nuevo ensayo de fundamentación de un personalismo ético.* Madrid: Caparrós.

Scheler, M. (2005). *Esencia y formas de la simpatía.* Salamanca: Sígueme.

Scheler, M. (2008). *Ordo amoris.* Madrid: Caparrós.

Scheler, M. (2010). *Amor y conocimiento. Y otros escritos*. Madrid: Palabra.

Scheler, M. (1966). *La esencia de la filosofía y la condición moral del conocer filosófico* (3ª ed.). Buenos Aires: Nova.

Sérgio, M. (2006). Motricidad Humana, ¿Cuál es el futuro? *Pensamiento Educativo, 38*, 14-33.

Sérgio, M. (1999). *Motricidade Humana, um corte epistemológico*. Lisboa: Instituto Piaget.

Sérgio, M. (2014). Críticas a la Ciencia de la Motricidade Humana. En M. Sergio, E. Trigo, M. Genú y S. Toro (Eds.), *Motricidad Humana: Una mirada retrospectiva* (pp. 25-38) (2ª ed.). España-Colombia: Léeme.

Stein, E. (2003). *Escritos esenciales*. Santander: Sal Terrae.

Stein, E. (2004). *El problema de la empatía.* Madrid: Trotta.

Stein, E. (2005). *Obras completas II. Escritos filosóficos (Etapa fenomenológica: 1915-1920)*. Burgos: Monte Carmelo.

Stein, E. (2006). *La mujer.* Madrid: Palabra.

Stein, E. (2007). *La estructura de la persona humana.* Madrid: Biblioteca de Autores Cristianos.

Torrebadella, X. (2013a). *Gimnástica y educación física en la sociedad española de la primera mitad del siglo XIX*. Lleida: Universitat de Lleida.

Torrebadella, X. (2013b). Cuerpos abandonados y rescatados: la educación física en los orfanatos españoles del siglo XIX. *Cabás, 10*, 11-28.

Torrebadella, X. (2014). Notas para la historia del centenario del baloncesto español. Un deporte escolar y popular para ambos sexos (1897-1938). *E-Balonmano.com: Revista de Ciencias del Deporte, 10*(3), 177-198.

Torrebadella, X. (2015). Los batallones infantiles en la educación física española (1890-1931). *ODEP. Revista Observatorio del Deporte, 1*(1), 32-70.

Torrebadella, X. (2017). La militarización de la educación física escolar: análisis de dos imágenes publicadas en la prensa de Barcelona de principios del siglo XX. *Historia Social y de la Educación, 6*(1), 78-108. doi:10.17583/hse.2017.2393

Unamuno, M. (1971), *Del sentimiento trágico de la vida* (12ª ed.). Madrid: Espasa-Calpe.

Unamuno, M. (2013). *La agonía del cristianismo* (3ª ed.). Madrid: alianza.

Von Hildebrand, D. (2006). *Moralidad y conocimiento ético de los valores.* Madrid: Cristiandad.

Von Hildebrand, D. (2000). *¿Qué es filosofía?* Madrid: Encuentro.

Von Hildebrand, D. (2009). *El corazón.* Madrid: Palabra.

Von Hildebrand, D. (2016). *Las formas espirituales de la afectividad.* Madrid: Encuentro.

Zambrano, M. (2019a). *Hacia un saber sobre el alma* (3ª ed.). Madrid: Alianza.

Zambrano, M. (2019b). *Persona y democracia.* Madrid: Alianza.